GIORGIO TAVERNITI

SEO

Essere visibili sui motori di ricerca

Titolo
"SEO"

Autore
Giorgio Taverniti

Editore
Bruno Editore
su autorizzazione di Libreria Strategica

Siti internet
www.brunoeditore.it
http://www.giorgiotave.it/forum/

Indice

Prefazione

Fondatore di uno dei più attivi Forum italiani dedicato al SEO e allo sviluppo web, Giorgio Taverniti è impegnato attivamente nella gestione di una community di oltre 30.000 specialisti del web, stimolando l'interesse e la crescita dei suoi partecipanti attraverso un'opera quotidiana di divulgazione e formazione. Forte di un originale approccio alla gestione delle comunità, il forum di Giorgio Taverniti si differenzia dal panorama internazionale dei forum SEO incentivando la condivisione e la diffusione delle più efficaci tecniche di posizionamento sviluppate dagli iscritti.

Giorgio Taverniti ha partecipato come Relatore ai Seguenti Eventi:

- Convegno GT – 2006
- Corso Nazionale di Web Marketing Operativo del 2006 (di Madri)
- SEO Extreme del 2007 (di Madrid)

- Search Engine Strategies di Milano 2006
- Search Engine Strategies di Milano 2007
- Search Marketing Forum 2007 di Business International
- SMAU 2007 La visibilità dei siti sui motori di ricerca
- Convegno GT 2007

Il 15 Giugno del 2007, Giorgio Taverniti prende parte alla valutazione finale del SEO contest *Funzino Apocrifo*, organizzato dal Dipartimento di Informatica dell'Università di L'Aquila per il Master in Web Technology.

In quell'occasione ha valutato il lavoro degli studenti commentando loro gli aspetti positivi e negativi dei loro interventi.

Nello stesso giorno ha tenuto un Seminario presentando una *Panoramica sui cambiamenti dei motori di ricerca*, partendo da com'era in passato il posizionamento nei motori e valutando le tante innovazioni degli stessi, elencando i brevetti e algoritmi più usati, illustrando le evoluzioni attualmente in corso e cosa ci si aspetta nel prossimo futuro.

Ha scritto vari ebook tra i quali *Guida al Posizionamento nei Motori di ricerca* con oltre 20.000 download (uno dei più scaricati in Italia) e *Strategie per far decollare un Forum* (unico Ebook sulle community in circolazione).

1.
Introduzione

1.1 Il perché del libro e il suo obiettivo

Sono anni che studio i motori di ricerca e sono anni che spingo gli altri a farlo e a condividerne con me i loro risultati. Durante questo periodo ho scritto oltre 25.000 post, ho pubblicato vari ebook e partecipato a tanti eventi. Sento però il bisogno di andare oltre il web e diffondere quel sapere che ho acquisito durante il mio percorso andando oltre la rete cercando di facilitare l'accostamento di sempre più persone a questo mondo.

Vorrei dunque creare qualcosa da poter mettere sulla scrivania, da lasciare come ricordo di una materia che è si virtuale, ma fatta di persone. Per questo ho voluto scrivere questo libro.

Tratterò l'argomento in modo leggero, così da permettere davvero a tutti di poter comprendere queste mie parole. Non sarà facile perché è ovvio che questo argomento è legato anche alla conoscenza dei linguaggi di programmazione, ma tenterò di usare i termini in modo comprensibile.

Non partirò subito con argomenti di alto livello, ma proverò a presentare un'introduzione di base e man mano che il libro andrà avanti tenterò di approfondire questi argomenti. Mi ci vorranno temo più libri ;-)

Sono argomenti comunque facilmente approfondibili, entrando nel Forum GT (http://www.giorgiotave.it/forum/) :-)

1.2 Cosa sono i motori di ricerca

Già dalla nascita di Internet è apparso subito chiaro il bisogno di creare qualcosa che rendesse facilmente fruibile la grande massa di informazioni che Internet stessa era in grado di offrire. Sorsero così le prime Directory, ovvero delle raccolte di siti catalogati per argomento.

Ben presto però, fu facile capire come queste fossero limitate in quanto create da persone che, non riuscendo a seguire la travolgente crescita del web, non avevano le condizioni per offrire alla domanda degli utenti l'enorme massa di siti web che venivano pubblicati in numero sempre maggiore.

La risposta a questa domanda la diedero i Motori di Ricerca. Questi lavorano setacciando costantemente la rete per mezzo di programmi che chiamiamo *spider* catturando e registrando tutti gli URL[1] possibili e in modo automatico. Quando gli utenti pongono domande al motore di ricerca (query[2]), in base alle parole chiave che si immettono nella casella, questo restituisce un elenco di siti attinenti e pertinenti a quanto si è cercato.

Per riuscire a offrire elenchi adeguati, i motori di ricerca fanno uso di *algoritmi*[3], che sono complicatissimi, e segreti programmi capaci di valutare contemporaneamente innumerevoli parametri ritenuti utili a creare e quindi offrire all'utente una soddisfacente lista di siti validi (*SERP*[4]).

Oggi i motori di ricerca globalmente più usati sono *Google*, *Yahoo!* e *Windows Live*. In Italia, per molti settori, *Google* è il motore di ricerca più usato.

1.3 Piccola Introduzione al Posizionamento

- *E cos'è dunque il posizionamento nei motori di ricerca?*

È l'insieme delle tecniche utilizzate al fine di rendere una pagina nel miglior modo visibile nelle *SERP,* il risultato della ricerca ottenuto dall'utente, che il motore presenta al momento della *query*, conseguente alle parole chiave inserite dall'utente.

Spesso viene chiamato anche *SEO*[5] (acronimo di Search Engine Optimizzation). Quindi, le persone che si occupano di questo settore, studiano tutto il giorno come matti per riuscire a comprendere quali sono i nuovi parametri che i motori di ricerca tengono in considerazione per valutare i siti. Non ci sono *trucchi*, ma solo un durissimo lavoro di studio e analisi.

Se qualcuno vi parla di *trucchi* è opportuno aprire bene le orecchie; quasi sempre si tratta di chi vuole far credere di conoscere un argomento che in realtà non conosce affatto.

I *parametri* presi in considerazione dai motori di ricerca sono davvero tanti, i più importanti possono essere suddivisi in due grandi categorie:

- i Fattori Interni;
- i Fattori Esterni.

I primi, si riferiscono a tutti i parametri che vengono presi in considerazione direttamente sulla pagina che viene visitata. I secondi sono riferiti ai fattori non presenti direttamente sulla pagina web ma che la influenzano dall'esterno, come ad esempio i collegamenti (*link*) che da altre pagine rimandano ad essa. È bene non avere fretta, piano piano vi guiderò in questo percorso per riuscire a comprenderlo nel migliore dei modi.

Ma facciamo un passo alla volta.

1.4 Cosa c'è oltre ai motori

Prima di andare avanti, vorrei fare una precisazione; non ci sono solo i motori di ricerca per rendere visibile un sito nel web, ma anzi molti altri canali offrono questa opportunità. È importante dire che i motori di ricerca rappresentano oggi una piazza davvero importante dove rendere visibile un sito, ma va ricordato che ve ne sono ben altre e che sarà importante studiarle tutte.

Mi sono per questo ripromesso di pubblicare altri libri che trattino l'argomento *visibilità online*, e farò il possibile per riuscirvi. Dopo aver terminato di leggere questo libro, consiglio vivamente di effettuare ricerche online e cominciare a scrutare il vasto orizzonte della rete, magari proprio cominciando dal Forum GT.

Ci si renderà conto in poco tempo di come non solo il posizionamento sia solo *una parte* dell'attività necessaria a rendere visibile un sito, ma di come i motori di ricerca siano solo *una parte* della *visibilità online*.

Il Web è vastissimo e costantemente in crescita; non bisogna mai smettere di studiare e fare il possibile per aggiornarsi se si desidera avere successo.

2.
Prima del SEO

2.1 A chi rivolgere il proprio sito?

Uno degli aspetti più sottovalutati quando si inizia a valutare la realizzazione di un sito è lo studio degli utenti ai quali rivolgersi, *a chi* andare a presentare il nostro sito e ciò che propone. È importante conoscere il nostro target perché è grazie a questa conoscenza che noi non solo possiamo impostare le nostre pagine, ma possiamo migliorarle aggiungendo contenuti specifici e mirati, tali da poter essere recepiti dai potenziali acquirenti dei nostri servizi o prodotti.

Quindi è bene sapere che prima di partire con un sito web, un blog o un progetto web in genere, è indispensabile comprendere a fondo il messaggio che proponiamo e farsi un'idea il più precisa possibile delle fasce d'utenza alle quali andare a lanciare il nostro messaggio.

Una semplice indagine di mercato reperendo piccole informazioni attorno a noi, seguendo le comunità online e leggendo i blog del settore, seguendo i siti dei giornali, ma anche uscendo dal web e provando ad avvicinarsi fisicamente a queste persone potrà esservi di valido aiuto. Fare insomma sondaggi, comunicare e chiedere. È importante.

Andiamo avanti per scoprire il perché lo sia.

2.2 La scelta delle parole chiave giuste

- *Quali chiavi cercano i tuoi utenti sui motori di ricerca?*

È importantissimo conoscere le parole più digitate dai nostri potenziali clienti nel motore di ricerca per effettuare la sua domanda, in quanto su quelle *key* dovremo ottimizzare il nostro sito. Conoscere questo è alla base delle operazioni volte a portarci potenziali utenti interessati alle nostre informazioni.

Su quelle chiavi concentreremo i nostri sforzi per posizionare il sito e, a meno che non si sia esperti del settore o si abbia frequentato corsi specifici, non è di solito possibile sapere quali chiavi cercano gli utenti sul web relativamente al proprio sito. È possibile tentare di immaginarlo, ma è di solito una cosa ben lontana dalla realtà. Riuscire ad essere presenti nei risultati dei motori per le parole chiave che i nostri potenziali utenti cercano è importantissimo, in quanto significa offrirgli ciò che cercano proprio nel momento in cui lo stanno cercando.

Non è banale; pensiamo quando ci troviamo davanti un venditore porta a porta che cerca di offrirci qualcosa che non ci interessa o che abbiamo appena comprato. Non è invasivo? E invece nel web noi poniamo le nostre domande nel momento magico del bisogno, esattamente nel momento in cui vogliamo *quelle* cose.

Per tutti questi aspetti, uno degli errori più gravi della realizzazione di un sito si commette proprio in questa fase. Deve dunque essere compreso *cosa e come* il nostro target di riferimento cerca su Internet per essere in grado di dare ad esso delle risposte esatte e chiare; *specifiche,* nel *momento magico* della domanda indotta dal bisogno.

Più avanti inserirò una lista di strumenti interessanti che potranno tornare utili per ottenere questi dati, ma prima approfondiamo ancora il discorso della ricerca delle *chiavi*, in quanto vi sono alcune informazioni che ritengo importante riportare.

2.3 Quante parole chiave vengono cercate?

Ora creo il mio bel sito dedicato ai viaggi di tutto il mondo e poi decido che voglio essere visibile per la chiave "viaggi"!

Non c'è niente di più sbagliato e in questo capitolo e in quello successivo proverò a spiegarlo nel migliore dei modi.

- *Prima bisogna che ci chiediamo: «Ma come le cercano le mie informazioni, gli utenti sui motori di ricerca?»*

Vediamo questo grafico:

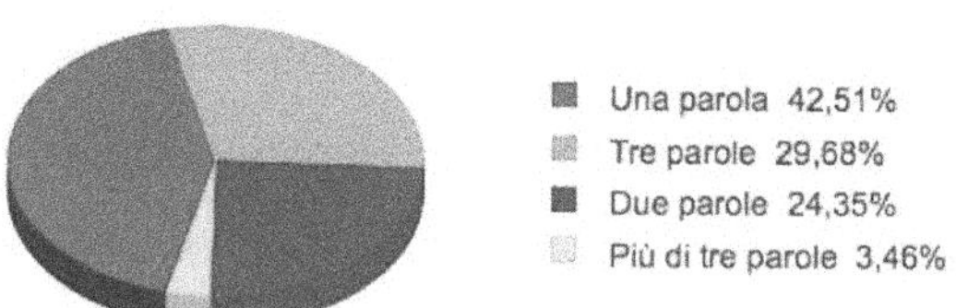

Immagine e ricerca da
http://www.shinynews.it/marketing/ 1107-chiavi-motori.shtml

Esso è riferito a una ricerca condotta nel mese di ottobre 2007 da *Shinystat* (un programma di statistiche). Su un campione di oltre 40 mila account del loro network, si è notato che di 4.668.423 chiavi, solo il 42% è composto da una singola parola, il resto da più parole.

Oltre il 50% delle ricerche è dunque composto da più di una parola chiave, il 30% da tre parole chiave!

Questa è solo una delle ricerche presenti nel Web, e ovviamente tutto è variabile in funzione al target d'utenza scelto, dalla Nazione dove si sceglie di effettuare la ricerca, dal motore che si usa e da numerosi altri fattori.

È anche possibile trovare ricerche dove l'uso di una singola parola scende al di sotto del 30%. Più gli utenti diventano esperti, più nelle loro ricerche useranno più di una parola. Il dato in percentuale dell'uso di una singola key è quindi destinato a scendere ulteriormente nel lungo periodo. Questi aspetti già dovrebbero spingerci a ottimizzare il sito e le pagine per più parole chiavi e quasi mai per chiavi singole. Vediamo perché.

2.4 Svantaggi nell'ottimizzare le pagine per chiavi singole

Torniamo al sito dei *viaggi.*

➢ *Perché non è corretto ottimizzarlo solo per la chiave* viaggi*?*

Ci sono due motivi principali che portano a sostenere che non sia corretto:

- *il target è troppo vasto*;
- *difficilmente si ottengono risultati nel breve periodo.*

IL TARGET È TROPPO VASTO

Non sarebbe mai possibile riuscire a dare una risposta a tutti gli utenti che cercano sui motori con la chiave viaggi. Cosa vogliono, voli per i Caraibi o gite in moto? Immagini e video o semplici racconti? Prenotare una vacanza e comprare un volo o solo recensioni? Informazioni sulla situazione climatica o gli orari dei treni?

Potrei continuare all'infinito e diviene facile comprendere che solo per ognuno di questi settori pur attinenti, per ognuna di queste specifiche domande, ci vorrebbe almeno un enorme ed apposito sito. Oggi gli utenti cercano di tutto e con frasi anche molto dettagliate. È importante quindi saperle studiare al meglio per avere le condizioni di strutturare il sito in modo tale da dare risposte sempre più precise e *specifiche* ai nostri utenti.

Se un sito che parla di viaggi contiene prettamente *racconti*, una delle frasi da ottimizzare potrebbe essere appunto "*racconti di viaggi dal mondo con foto, immagini e video*".

Questo naturalmente è solo un esempio. Più avanti tratteremo di come ottimizzare sia la singola pagina che come ottimizzare il sito in generale.

DIFFICILMENTE SI OTTENGONO RISULTATI NEL BREVE PERIODO

La concorrenza dei competitor è generalmente molto avanti. Oggi il web è davvero ricco di siti di qualità su tantissimi argomenti. Posizionare un sito per la chiave *"Racconti di viaggi dal mondo"* (l'esempio di questo sito lo riporteremo per tutto il libro) richiederà molte meno energie che posizionare per l'inflazionatissima e generica chiave *viaggi.*

Porterà però più risultati targettizati nel breve periodo che permetteranno intanto di procedere e magari di puntare poi alla chiave appena più mirata di "*Racconti di viaggi*".

Chi cerca *"Racconti di viaggi dal mondo"* e arriva al nostro sito, possiamo esser certi che è molto più interessato di un utente che arriva con la chiave *viaggi.* E proviamo a immaginare una pagina di *"Racconti di viaggi in Thailandia"*; decisamente più specifica, quindi più semplice da ottimizzare e portatrice di un'utenza molto più definita e scelta, in quanto esclude già a priori tutti gli amanti di racconti sulle altre parti del mondo.

Vediamo così che gli accessi che un sito può ottenere non valgono nulla se non sono ben targettizzati, anzi, portano solo via risorse al nostro server[6] delle quali potrebbe pure chiederci conto prima o poi.

2.5 La Lunga Coda

Prima di affrontare il capitolo successivo, vorrei accennare solo un attimo alla *Lunga Coda* (long tail), della quale sicuramente sarà capitato di sentir parlare approfondendo l'argomento della ricerca delle chiavi.

La *Lunga Coda*, riferita alle statistiche di accesso da parte degli utenti attraverso i motori di ricerca, si riferisce a tutte quelle chiavi che di solito hanno la caratteristica di portare singolarmente poco traffico, essendo composte da più chiavi (di solito frasi lunghe e dettagliate) e non contenenti nomi specifici dei marchi interessati alla ricerca.

E questo è un argomento che sta diventando sempre più importante. Più la chiave è lunga e specifica, più noi siamo in grado di dare risposte precise al pur limitato numero di utenti che entrano.

Per questo lavorare sulla *Lunga Coda* può portare risposte davvero sorprendenti, in quanto l'insieme di tanti piccoli risultati, di solito appare maggiore dei singoli maggiori risultati.

Immaginiamo ora una pagina che tratti di racconti di viaggi a Krabi in Thailandia e che offra pure immagini, e che a quella pagina arrivino visitatori sia con la chiave *viaggi* (magari qualcuno che cerca un volo per Parigi) che con quella *"Racconti di viaggi a Krabi Thailandia con foto"*.

A quale dei due utenti saremmo in grado di presentare una pagina capace di rispondere al meglio alle sue richieste? Possiamo dunque comprendere come, lavorando nell'ottimizzazione sull'insieme delle tante e differenti specifiche richieste minori, è possibile con la *Lunga Coda* ottenere risultati a volte sorprendenti.

2.6 Gli strumenti adatti

- *Quali sono le chiavi più cercate nei motori di ricerca?*
- *Dove posso trovare dei dati utili al mio scopo?*
- *Come posso farmi un'idea sulle chiavi più cercate nel mio settore?*

Ecco, questo capitolo ci servirà proprio a questo, faremo una raccolta di strumenti utili, e ci aiuterà il web stesso essendone ricco, e le illustreremo una a una.

Le Parole Chiave più cercate:

1. GOOGLE

Per quanto riguarda *Google Italia*, è disponibile uno strumento che mostra le parole chiave più richieste dagli utenti che si chiama *Google Zeitgeist:* http://www.google.it/press/zeitgeist.html.

Negli Stati Uniti d'America lo stesso strumento di Google appare molto aggiornato: http://www.google.com/press/zeitgeist.html.

Un altro strumento di Google interessante è *Google Trends*: http://www.google.com/trends.

È possibile correlare le ricerche tra più parole chiave e comprendere qual è la più ricercata su Google. Inoltre vengono fornite informazioni relative ad eventi importanti che possono aver influenzato la ricerca per quelle specifiche chiavi, come forti campagne pubblicitarie ecc.

Viene offerta anche la possibilità di dividere la ricerca per città e regioni.

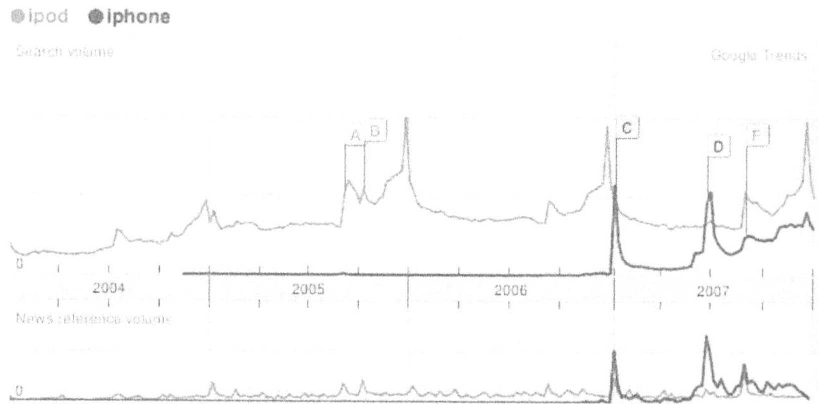

Immagine e ricerca da http://www.google.it/trends

2. YAHOO!

Yahoo! offre *Buzz* come strumento http://buzz.yahoo.com/, ma al momento non presenta una versione localizzata in italiano, cosa che invece offre giù in Francia, Canada, Inghilterra e Irlanda.

Per la versione inglese, è in grado di fornire ricerche divise per le categorie:

- Overall
- Actors
- Movies
- Music

- Sports
- TV
- Video Game

3. ASK

Ask offre uno strumento per le *Ricerche Top* http://sp.ask.com/en/docs/iq/iq.shtml

4. AOL

Mostra le ricerche esatte con tanto di click ai siti web per la ricerca tramite gli ultimi *Log*[7] rilasciati da AOL http://www.seosleuth.com/kp/

Tools per la Ricerca delle Parole Chiavi di un Settore:

1. GOOGLE ADWORDS TOOLS

https://adwords.google.it/select/tools.html

Google offre una serie di strumenti, tra cui il *Keyword Tool External* https://adwords.google.it/select/KeywordToolExternal, che consente la ricerca delle parole chiave.

A differenza dell'Italia, in USA lo strumento offre il numero di ricerche esatte effettuate dagli utenti. Registrandosi a *Google Adwords* è possibile avere anche altri strumenti utili e più informazioni per lo studio e la ricerca delle parole chiave.

Molte persone che lavorano in questo settore, dopo aver scelto le parole chiave, danno vita a campagne di test su *Google Adwords* per verificarne sia l'affluenza sia il ritorno sull'investimento. Vi consiglio vivamente di tentare :-)

2. OVERTURE

http://inventory.it.overture.com/d/searchinventory/suggestion/

Il selettore di *Overture* è uno strumento che fornisce il numero di ricerche effettuate dagli utenti nel circuito di loro proprietà (non dell'intero web). Attualmente funzionante a singhiozzo, è stato in passato utilissimo in quanto consentiva di comprendere facilmente come gli utenti cercano e la relazione tra le chiavi correlate.

Inserendo la parola *viaggi*, ad esempio, il selettore di Overture mostra il numero delle volte che è stata cercata la parola chiave e gli stessi dati li riporta per tutte le ricerche correlate che includono la chiave *viaggi* (*guida viaggio, agenzie viaggio* ecc.). Il tutto è ordinato per il numero di volte che la chiave è stata ricercata nel periodo precedente.

Per fare un esempio con la chiave *viaggi*:

- 519501 viaggio
- 21409 guida viaggio
- 19066 agenzia viaggio
- 18854 viaggio lowcost
- 16678 offerta viaggio
- 12446 viaggio egitto
- 11295 offerta viaggio last minute
- 11038 viaggio londra
- 10420 last minute offerta viaggio

Lo strumento visualizza le chiavi al singolare (molto probabilmente accorpando anche i risultati di quelle al plurale). Cliccando sulle singole chiavi, lo strumento offre un ulteriore lista di sotto chiavi dettagliate. Prima di passare ora alle vere e proprie tecniche di posizionamento, vorrei trattare di un altro argomento molto importante correlato sia allo studio del target d'utenza a cui rivolgersi, sia alla scelta delle parole chiave.

2.7. Il nome del dominio

Il nome del dominio è una scelta importante; deve essere una proiezione ottimale e mirata dell'argomento che andiamo a presentare nel sito in quanto influenzerà tutta la vita del progetto sul web.

Ovviamente, parlando di una realtà già presente offline come un'azienda, è raccomandabile scegliere un nome a dominio uguale all'azienda o comunque all'attività già presente, così da non confondere gli utenti. Se invece si sceglie di partire con un progetto completamente nuovo, gli aspetti che dovrebbero essere presi in considerazione sono:

- che sia di facile memorizzazione;
- che sia attinente al tema del sito;
- che sia facilmente comprensibile quando viene pronunciato.

Questo va fatto pensando agli utenti, alla comunicazione e a come viene letto. È importante che il nome a dominio colpisca.

Dopo averlo scelto e registrato, prima di partire con la realizzazione del sito, prova a chiedere in giro cosa ne pensano gli utenti e nel caso non esitare ad acquistare un nuovo dominio più adeguato.

Per quanto riguarda i motori di ricerca, in effetti, una delle domande che ricorre più spesso nei forum è:

- *ma il nome di dominio influenza il posizionamento?*

Possiamo dire che un buon *nome a dominio* non è certo una scelta determinante, ma solo un qualcosina in più, a volte capace di fornire un piccolo aiuto. Questo aspetto del nome del dominio per il posizionamento lo approfondiremo al momento giusto, ora non siamo ancora pronti. Nel capitolo dell'*aumento della popolarità* tratteremo a fondo questo aspetto.

Le altre domande che corrono sui Forum riguardano l'*estensione;* i motori di ricerca privilegiano un'estensione *.com* rispetto a una

.it? Le estensioni presentano lo stesso potenziale valore; ovvio che se ci si riferisce a un pubblico italiano è sempre più gradito mostrare un *.it*, e non per motori di ricerca, che non fanno alcuna differenza, ma per il beneficio tratto dagli utenti italiani, così come un *.de* sarà più apprezzato dagli utenti tedeschi.

Nella scelta del nome di dominio, è poi possibile spaziare aggiungendo altri dettagli come la località di appartenenza se importante, e comunque il tema principale trattato nel sito, ricordando sempre che è bene scegliere un nome che sia di facile memorizzazione, che ricordi il tema del sito e che sia facilmente comprensibile quando pronunciato. Se ad esempio trattiamo un sito di viaggi potremmo tentare di acquisire:

1. viaggi.it
2. viaggi-tailandia.it
3. pippo-viaggi.it
4. turismo-viaggi.it
5. turismo-tailandia.it
6. roma-viaggi.it
7. lastminute-viaggi.it

3.
Indicizzazione

3.1 Cos'è l'indicizzazione e come avviene

L'indicizzazione è quel processo che porta un documento web ad essere presente nell'indice dei motori di ricerca. Per molto tempo i motori di ricerca hanno usato due sistemi di indicizzazione:

- indicizzazione tramite *spider;*
- indicizzazione tramite *suggerisci URL.*

Gli *spider* sono software programmati per setacciare costantemente la rete web a caccia di nuovi *link* e quindi nuove pagine da indicizzare.

Quindi, per essere indicizzati sui maggiori motori di ricerca, basta avere un link da una pagina che sia a sua volta già indicizzata, e possibilmente dove gli *spider* passano spesso.

Il *suggerisci URL* invece è un modulo messo a disposizione dei webmaster da parte dei motori di ricerca che permette di segnalare direttamente un URL. Basta quindi segnalare la propria home page per poi vedersi spiderizzato prima e indicizzato poi tutto il sito web, se ovviamente non presenta ostacoli a questa operazione (vedremo più avanti questi aspetti).

Vediamo ora gli altri metodi di indicizzazione.

3.2 Altri metodi di indicizzazione

Negli ultimi anni i motori di ricerca si sono evoluti e oltre a fornire dei veri e propri strumenti ai webmaster, usano vari sistemi per trovare nuovi documenti. Vediamo i più discussi sul web; illustriamo ora velocemente le funzioni dei vari sistemi senza scendere nei dettagli per non togliere l'attenzione e portare fuori strada. Ma tranquilli, alla fine del libro saremo tutti a conoscenza anche di questi ghiotti dettagli ;-)

LA SITEMAP E IL PROTOCOLLO SITEMAPS

La *Sitemas* non è un altro che un file (XML) che contiene tutti gli URL del tuo sito, che puoi aggiornare spesso e a volte in

automatico e che viene usata dai motori di ricerca per indicizzare (*spiderizzare*) il sito.

Ultimamente, i motori di ricerca, hanno standardizzato le loro *Sitemaps* al *Protocollo Sitemaps*, quindi ora tutti i file sono uguali e basterà creare una sola *Sitemap* da presentare a tutti i motori. Grazie a questo sistema è possibile riuscire a segnalare tutte le pagine in una volta sola.

La *Sitemap* inoltre riesce a contenere e offrire molti altri dati su una singola pagina, soprattutto riguardanti l'aggiornamento della pagina stessa.

RSS

Qualche mesetto fa una domanda che veniva fatta spesso riguardante l'indicizzazione era:

- *ma quanto tempo ci vuole per essere indicizzati?*

Le risposta era: *da qualche giorno a qualche settimana.*

Oggi invece molte domande sono di questo tipo: «*Cavolo, mi ha già indicizzato in meno di un'ora, come ha fatto?*»

Semplice, tramite gli **RSS**, il **Ping** e i suoi strumenti come **Feedburner** e simili.

Gli **RSS** (*Really Simple Syndication*) sono un sistema di fruizione di contenuti che permette di essere aggiornati, in tempo reale, solo quando ci sono novità. Praticamente, attraverso un software installato nel proprio computer o utilizzando servizi online, è possibile memorizzare gli *RSS* e, senza ogni volta aprire i vari siti, riceverne le novità.

Il **Ping** è un'azione che compiono gli *RSS*. Quando si scrive un articolo si può inviare un *Ping*, cioè avvertire chi è interessato alla novità e chi è in grado di riceverlo.

Feedburner è un sito *di Google* che permette di registrare gli *RSS* fornendo una serie di strumenti interessanti, come quanti lettori ha un *RSS*, quanti iscritti ai commenti e via dicendo.

Come accennato, alla fine del libro approfondiremo meglio alcuni dettagli e valuteremo un capitolo dedicato all'interazione degli *RSS* con il mondo dei motori di ricerca, in quanto oggi sono diventati davvero importanti per la fruizione dei contenuti su internet.

MONDO GOOGLE

➢ *Ma come, non ho messo nessun link e il mio sito risulta già indicizzato?*

È questa un'altra delle domande che vengono frequentemente presentate nei forum riguardanti l'indicizzazione. Di solito, si controbatte con altre domande del tipo:

- *Hai usato la Google Toolbar per navigare o votare la pagina?*
- *Usi Google Adsense sulla pagina indicizzata?*
- *Hai inserito un link su Gmail o Gtalk?*

Google, oltre agli *spider,* anche con l'ausilio di questi strumenti, *potrebbe* indicizzare nuove URL. Va ricordato che, nel caso, si tratterebbe comunque di indicizzazione e al momento non vi sono riscontri che l'uso di questi servizi possa influenzare in qualche misura il posizionamento. Quando a queste domande si ottengono risposte negative, allora ecco che appaiono altre ipotesi.

ALTRE IPOTESI

a) Il dominio in passato era già indicizzato, è scaduto e nessuno lo ha registrato di nuovo. L'utente non lo sapeva, lo ha acquisito e ci hai messo contenuti.

b) Il dominio è finito in una lista pubblica di siti che offrono la possibilità di registrazione.

c) Alcuni servizi di registrazione domini effettuano due operazioni:

- mostrano nelle proprie pagine le ultime ricerche dei domini che gli utenti hanno fatto per vedere se sono liberi:
- usano liste dove, dato un nome di dominio, mostrano tutti i siti a tema e/o consigliati.

In questo modo un dominio non ancora esistente né mai acquisito da nessun utente può risultare già indicizzato dai motori, anche se è nome solo di fantasia, in quanto ad essi suggerito (di solito in vasti blocchi) da particolari servizi di registrazione per loro particolari interessi e manovre commerciali.

Per conoscere questa eventualità, basta digitare nel campo ricerca il nome del dominio interessato privo del www (es: *sitointeressato.it*)

3.3 Cosa impedisce l'indicizzazione

Se da un lato essere indicizzati è davvero molto facile, dobbiamo imparare a conoscere quegli aspetti che invece possono bloccare il passaggio e quindi l'indicizzazione degli spider. Il consiglio è di tenersi costantemente aggiornati sull'argomento in quanto di continuo presenta nuovi e inediti aspetti.

Due dei sistemi che impediscono l'indicizzazione dei siti sono:

- alcuni tipi di link in *Javascript*;
- alcuni tipi di link in *Flash.*

Ve ne sono altri, ma questi possiamo considerarli i più diffusi. Valutiamo assieme, con due esempi, quando il codice di un link in *Javascript* consente l'indicizzazione o meno:

- Non indicizzato

<a href="#" onClick="top.location.href='pagina1.asp';">

- Indicizzato

document.write('<a href=\'http://www.sito.it/pagina6.asp\';">...

Comunque, per togliersi qualsiasi dubbio, è sempre bene fare dei test e ripeterli nel tempo; proviamo in una pagina a inserire link in tutti i modi possibili ad altre pagine interne e poi facciamo indicizzare solo la prima pagina; avremo così la possibilità di verificare se e quale link viene seguito dagli *spider* in base a quale delle nostre pagine interne linkate verrà indicizzata.

Ovviamente, facciamolo quando avremo finito di studiare questo libro e saremo abbastanza esperti. In caso di dubbi, tranquilli, chiediamo pure nel Forum GT come impostare un test, dove sono disponibili sezioni apposite.

3.4 Il File Robots.txt

Durante tutto il nostro lavoro di realizzazione di un sito, possiamo decidere per ragioni nostre, di riservatezza o altro, che alcune pagine o alcune sezioni non vengano indicizzate da *nessuno* dei motori di ricerca, o anche solo da *alcuni*.

Tutto questo è possibile ottenerlo attraverso il *File Robots.txt* che metteremo nella *root*[8] del sito, cioè nella cartella principale in modo che sia raggiungibile da un indirizzo simile:
http://www.tuosito.it/robots.txt

Il file è composto da alcuni campi, vediamo quindi alcuni esempi e poi cerchiamo di capire a cosa servono.
User-agent:
Disallow:

Nel campo *User-agent* dobbiamo mettere il nome dello *spider* al quale intendiamo inibire l'accesso. Con il simbolo * inibiremo l'accesso a tutti gli *spider*:
User-agent: *
Disallow:

Nel campo *Disallow*: indicheremo cosa non vogliamo sia prelevato dallo *spider*; se intendiamo inibire l'accesso a tutti gli *spider* alla nostra cartella *viaggi.htm* useremo questa formula:

User-agent: *

Disallow: /viaggi.htm

Se invece vogliamo inibire l'accesso alla nostra cartella *viaggi.htm* ad esempio allo *spider* di Google *(googlebot)* useremo questa formula:

User-agent: googlebot

Disallow: /viaggi.htm

Il *Robots.txt* può servirci per inviare agli *spide*r ulteriori istruzioni. Facciamo un esempio dove inibiamo solo a Google di prelevare la nostra cartella *viaggi* che invece concediamo agli *spider* degli altri motori:

User-agent: googlebot

Disallow: /viaggi.html

Disallow: /viaggi/

User-agent: *

Disallow:

Bene, dopo aver illustrato questi esempi, segnalo due risorse che possono tornarti utili.

La lista di tutti i nomi degli spider:
http://www.robotstxt.org/db.html
Controllo Robots:
http://tool.motoricerca.info/analizzatore-robots.phtml

Dobbiamo però tenere in considerazione che vi sono alcuni motori di ricerca che non seguono questo tipo di indicazioni.

Il consiglio che posso dare è di usare il *Robots.txt* sempre nel momento in cui si vuole che una pagina non venga indicizzata, ma di usare anche i *Meta* che sto per illustrare.

3.5 Il Meta Name Robots

Abbiamo anche altre opzioni da utilizzare nel consentire o impedire l'indicizzazione delle pagine e/o di seguire link. Ecco come si presenta il *Meta Name Robots*:

<meta name="robots" content="index (o noindex), follow (o nofollow)">

Questo *tag* serve per dare direttive allo *spider* sulla singola pagina che sta visitando. Vengono di solito usati per comunicare agli *spider* se archiviare o meno la pagina web e se seguire o meno i link presenti.

Ecco il significato di ogni singola voce:

- INDEX: comunica allo spider di archiviare la pagina nel database.
- NOINDEX: comunica allo spider di non archiviare la pagina.
- FOLLOW: comunica allo spider di seguire i link nella pagina.
- NOFOLLOW: comunica allo spider di non seguire i link nella pagina.

Anche questo *tag* però non è seguito da tutti gli *spider* dei motori. Alcuni, con fini diversi, li ignorano completamente. Il *Meta Name Robots* deve essere inserito in ogni pagina del sito nella quale si desidera inserire quelle particolari istruzioni. Ricordiamo però che se diamo un'istruzione simile:

<meta name=”robots” content=”index, nofollow”>

Cioè: “archivia la pagina ma **non seguire i link**”, significa che solo da quella pagina lo spider non segue quei link. Se abbiamo altre pagine che presentano gli stessi link e in esse non inseriamo lo stesso ordine, lo spider li seguirebbe comunque.

3.6 Rel NoFollow sui singoli link

Eccolo: <a href=”sito.it” rel=”nofollow”>

Impedisce agli *spider* di seguire un singolo link.

Va detto che su questo tipo di attributo HTML vi è molta confusione a causa di un “personalizzato” uso dei motori di ricerca nei loro algoritmi. Tra le altre cose, non è un attributo standardizzato (lo sarà nel 2010 probabilmente) e al momento ogni motore di ricerca interpreta questo attributo in modo differente.

Il 22 Gennaio del 2008 è stata rilasciata la bozza di quella che sarà la versione “5” dell’HTML e che sarà ufficializzata nei prossimi due anni:

http://www.w3.org/TR/2008/WD-html5-20080122/

In questa bozza, oltre alla standardizzazione dell'attributo *NoFollow* per i link, vengono inseriti altri attributi importanti.

Il mio consiglio è, in ultima analisi, di usarlo quando il tutto sarà ufficializzato e i motori di ricerca prenderanno una posizione ufficiale e definitiva sui vari attributi.

I motori di ricerca sono di proprietà di aziende che hanno dato tanto alla crescita del web, ma ritengo debbano essi stessi rispettare i canoni del web e gli standard operativi e, dove non presenti, lavorare insieme per creare standard condivisibili da tutti. In questo caso non è ancora stato fatto, portando di fatto una situazione confusa nel mondo dei webmaster.

Personalmente, fino a quando non sarà standardizzato, non lo userò e se mai lo sarà, lo userò solo per lo scopo adatto.

Questa mia opinione è data dal fatto che l'attributo, se usato, al momento presenta tante differenti interpretazioni:

- Google dichiara che il link con un *rel="nofollow*" non influenza il *PageRank*, ma viene seguito e la pagina linkata non indicizzata.
- Yahoo! segue il link, assegna popolarità (solo raramente mi è capitato di riscontrare il contrario) e indicizza la pagina, proprio come Ask.
- Msn non segue il link né indicizza la pagina.

Si metteranno mai d'accordo per consentirci di lavorare meglio? Chissà...

Nel capitolo **Come aumentare la popolarità** tratteremo nello specifico l'acquisto dei link citando il *Nofollow*, perché in quest'ambito sta giocando un ruolo importante.

Inizialmente indicato da Google come indicatore di *link spam* o di link ai quali non si intendeva dare riscontro, la sua interpretazione è recentemente cambiata portando a indicarne l'importanza in caso di link venduti, non cioè spontaneamente presenti nella pagina come indicatori informativi correlati. Approfondiremo più avanti questo aspetto.

Ora che abbiamo un buon quadro della situazione SEO, su cosa fare prima di partire con la realizzazione del sito e sulla sua indicizzazione, è arrivato il momento di passare all'attacco, entrando nel vivo dell'argomento e andando a trattare di *ottimizzazione* ;-)

4.
Ottimizzazione

4.1 Cenni Generali

Per *ottimizzazione* di un sito web per i motori di ricerca, si intende tutte le tecniche atte a migliorare la posizione del sito stesso sulle *SERP* e, per la maggior parte, riferite a tutti gli interventi che si possono applicare alle proprie pagine. Ma attenzione: non pensiamo che questo possa bastare.

Per riuscire a posizionare un sito web in cima alle risposte dei motori di ricerca non basta solo questo, anzi, il *posizionamento* è un processo complesso di cui l'ottimizzazione della pagina o del sito incide solo in parte.

Quando iniziò l'era di internet e apparvero i primi motori di ricerca, l'*ottimizzazione* era un fattore importantissimo; il più importante. Ma con lo sviluppo dei tanti algoritmi usati dai motori questa importanza ha perso passo dopo passo la sua importanza diluendosi con altri tanti fattori. È dunque importante conoscerli tutti questi fattori e in questo libro vedremo di illustrarne la gran parte, o meglio, tratteremo quelli che riteniamo, secondo la nostra esperienza, capaci di influenzare le posizioni delle pagine sui motori di ricerca.

Sono sicuro che la lettura di questo libro potrà stimolare la ricerca su tutti gli argomenti illustrati al fine di approfondirli meglio; per questo voglio dare due suggerimenti importanti che torneranno utili:

a) valutando informazioni tratte dal web, raccomando di controllare sempre *la data* di quando l'informazione, la discussione o l'articolo sono stati creati. Siccome nel web da sempre tutto cambia nel giro di pochi mesi, a volte settimane, è importante capire a quale periodo si riferiscono le informazioni reperite. Alcuni di questi possono rimanere validi per molto tempo, altri perdono invece il loro valore in breve tempo.

b) attenzione *a chi* leggi. È importante che tu valuti con attenzione e ti faccia una tua idea sulla persona che ha scritto quell'informazione. In questo settore è molto facile purtroppo imbattersi in millantatori o veri e propri saltimbanchi; ne abbiamo sentite di tutti i colori e a tutti i livelli, sino a suggerimenti del tipo: *"mi raccomando, quando fai l'upload delle tue pagine web, tieni il frigo aperto e la finestra chiusa, e fallo solo nei pomeriggi dei giorni dispari!"*.

E spesso non erano battute.

Quindi, una volta che ci si sia fatta un'idea sull'argomento e sui vari autori, perché non aprire una bella discussione su di un forum così da sentire cosa ne pensano i vari SEO e interloquire direttamente con loro? ;-)

4.2 Sfatiamo un mito, prima di iniziare

Vorrei quindi cercare di sfatare un mito: non esistono trucchi e non ci sono pozioni magiche. Non c'è nessuna formula da adottare che indichi inequivocabilmente *come*, *quanto* e *dove* si "deve" inserire una determinata chiave.

In un certo modo, ottimizzare una pagina equivale a scrivere un capitolo di un libro, cercando non di piazzare le chiavi in tutte le aree sensibili del testo, ma di essere utili al nostro lettore scrivendo in modo naturale e come lui stesso si aspetta di leggerci. Esistono aree più sensibili di altre, ma proprio perché ogni argomento necessita di un certo numero di informazioni che è sempre variabile, non può mai esistere una formula predefinita.

Valutiamo assieme l'esempio di queste due pagine:

- una atta alla *vendita di un viaggio*;
- l'altra creata solo per *raccontare un viaggio.*

Le informazioni che un utente cerca nella prima pagina (biglietti, hotel ecc.) sono ben diverse da quelle che cerca un utente nella seconda (passare un momento di lettura rilassante sognando magari i Caraibi).

Per questo, il motore di ricerca cercherà, per quanto gli è possibile, di rispondere sempre in modo più specifico e differenziato ai suoi utenti offrendo informazioni chiare al primo e romanzi al secondo. Per questo, non è mai pensabile ottimizzare le pagine web sempre allo stesso modo.

Più avanti, nel capitolo "**Brevetti e Ricerca: una vita per l'utente**", tratteremo meglio questo concetto, scendendo nei particolari e provando a illustrare alcuni Brevetti dei Motori di ricerca che permettono di comprendere alcuni loro comportamenti.

Ora passiamo a trattare i punti più sensibili dell'*ottimizzazione*, ma non vorrei che, giunti a questo punto del libro, si decidesse subito di intervenire sul sito modificandone le pagine; questo porterebbe inesorabilmente alla tipica frase tante volte letta: "*ho fatto quello che c'è scritto ma non ha funzionato*".

Dobbiamo sempre ricordare che questo libro offre strade da seguire, indicazioni da valutare. Non può offrire *soluzioni*. Le soluzioni si possono dare solo dopo aver studiato a fondo un argomento specifico, il sito che lo tratta, la *SERP* che lo presenta assieme a decine di altri importanti aspetti.

Come ho già detto, il *posizionamento* è fatto di tanti fattori e limitarsi a *ottimizzare* un sito non basterà mai per essere visibile.

4.3 Il Title

Il *Title* è il titolo della pagina. La sua posizione è all'interno dei *tag* <head> </head> che si trovano prima del *tag* <body>. Il *tag* è il seguente: <title>Il Mio Titolo</title>

Il *Title* è il fattore interno della pagina più importante in assoluto. Questo viene inoltre mostrato nelle *SERP* (**S**earch **E**ngine **R**eport **P**age) agli utenti a seguito delle loro ricerche sui motori, evidenziando in *bold*[9] le esatte parole cercate dall'utente qualora presenti nel titolo stesso.

Esempio: ricerca su Google per *Forum webmaster.*

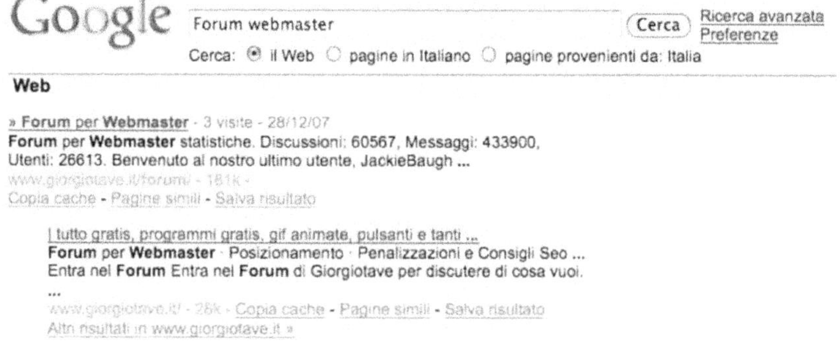

(Immagine presa dalla ricerca da Google.it per Forum webmaster).

Come possiamo vedere dall'immagine, Google evidenzia le chiavi cercate.

È molto importante questo aspetto anche perché ci permette di comunicare con gli utenti, lanciando loro precisi messaggi, ancora prima che questi entrino nel nostro sito, già da quando fanno la ricerca. È importante quindi non solo inserire nel *Title* le chiavi, ma saper essere descrittivi, concisi ed accattivanti, così da poter far dire al lettore "*...bingo! È quanto stavo cercando!*", inducendolo a entrare nel sito.

Vi sono una serie di accortezze da usare quando andiamo a scrivere un *Title* in quanto, oltre ad essere concisi e accattivanti sono in grado di influenzare il nostro lavoro di SEO. Vediamole.

a) Ogni pagina web deve avere un suo titolo, unico e originale. Non è pensabile che per tutto il sito, tutte le pagine abbiano lo stesso titolo. Una decisa raccomandazione a non compiere questo errore perché è davvero importante.

b) Non sprecare questo importante spazio per inserire il nome del sito o il brand[10], a meno che non si abbia una strategia precisa o non ci si appresti a sviluppare il sito di un importante brand, nel qual caso il nome di questo inserito nel *Title* possa da sé indurre il click nell'utente.

Esempi di *Title*:
Sbagliato: Pippo&CO – Viaggi nel Mondo
Corretto: Viaggi nel Mondo
Se comunque si vuole inserire il proprio brand, meglio metterlo nell'ultima parte del Title; *Viaggi nel Mondo - Pippo&CO.*

c) Non inserire una serie di chiavi nel *Title*, ma è bene cercare di creare una frase che incuriosisca il lettore e, se non ci si riesce, che sia almeno il più vicino possibile a ciò che realmente l'utente in quel momento vuole.

Esempi di *Title*:
Sbagliato: Viaggi, Mondo, Hotel, Vacanze, Viaggi.
Corretto: Viaggi nel Mondo: l'esperienza di chi c'è stato.
Magari una frase come: *l'esperienza di chi c'è stato* incuriosisce

il lettore che sta cercando proprio esperienze di viaggio (è naturalmente solo un esempio).

d) Più le chiavi del *Title* saranno vicine all'inizio di questo, più saranno considerate rilevanti dai motori di ricerca.

Esempi di *Title*:
Sbagliato: L'esperienza di chi c'è stato: Viaggi nel Mondo.
Corretto: Viaggi nel Mondo: l'esperienza di chi c'è stato.

e) La lunghezza del *Title* dovrebbe essere tra i 60 e i 70 caratteri. Questa non è una regola da seguire alla lettera; come abbiamo detto, ogni pagina ha il suo titolo e può capitare quindi di creare *Title* più lunghi o corti usando il buon senso.

Un esempio potrebbe essere:
<title>Racconti di viaggi dal mondo con foto, commenti e video con *miosito.it*</title>
Questo appare un buon titolo. Contiene in questo caso anche il nome del sito perché l'obiettivo potrebbe anche essere di fare brand direttamente nelle *SERP*.

Ma abbiamo visto che sotto al Titolo, nell'immagine riportata della *SERP* di Google, c'era anche un altro contenuto che veniva visualizzato...da dove prende il motore quella descrizione? Scopriamolo insieme ;-)

4.4 I Meta Description e Keywords

I *meta tag description* e *keywords* si presentano così:

<meta name="description" content="descrizione della pagina">

<meta name="keywords" content="chiave1, chiave 2">

Va ricordato che questi *tags* non sono fondamentali per il posizionamento, anzi. Si poteva ottenere da essi un piccolissimo aiuto, ma il loro peso è sempre più diminuito e addirittura alcuni motori ignorano completamente il *meta tag keywords*. Vediamoli nello specifico.

<meta name="description" content="">:

Alcuni motori di ricerca propongono questo *meta tag* come

descrizione. Per Google, questo non è sempre valido.

È importante che questo *tag* non sia la ripetizione del *Title*, perché una buona *description* deve essere la continuazione del messaggio che si invia dal *tag title* in modo da aumentare la descrizione del contenuto del sito e le possibilità di click dell'utente.

Tendenzialmente il motore presenta la nostra *description* nella *SERP*; se in una pagina non si inserisce il *tag description,* Google andrà a prendere la prima frase a caso nel *body* dove troverà presente la key cercata dall'utente, quando presente.

Google offre alcuni consigli su come scrivere una buona *description*:

- diverse description per diverse pagine;
- includere chiare e importanti informazioni;
- inserire description scritte dall'autore, non programmate in automatico;
- usare un'alta qualità di informazioni.

La lunghezza del *tag description* può essere considerata ragionevolmente da 200 a 250 caratteri.

Dopo queste informazioni, dobbiamo sapere anche che Google tende a mostrare una *description* che sia coerente con quanto cercato dall'utente. È per questo che diventa importante offrire queste chiavi nella *description,* altrimenti Google potrebbe mostrare testo preso a caso dal body e contenente quelle key cercate dall'utente.

Proviamo ora a creare una *description* basandoci su un esempio di *title* già presentato in precedenza:

<title>Racconti di viaggi dal mondo con foto, commenti e video con *miosito.it*</title>
<meta name="description" content="Viaggi dal mondo: i nostri utenti ci portano le loro esperienze. Racconti 100 - Immagini: 12000 - Video: 30 - Clicca, leggi e condividi!">

Com'è possibile vedere, in questa *description* si è cercato di comunicare con l'utente direttamente nella *SERP*, tentando di coinvolgerlo immediatamente e indurlo a entrare. Si è inoltre cercato di inserire alcune chiavi presenti nel *Title* ma senza ricopiarlo (altrimenti avremmo fatto un grosso errore) perché puntando al posizionamento per quelle chiavi, in quel modo la *description* avrà più possibilità di essere mostrata nelle *SERP,* in quanto contenente le chiavi che l'utente cerca.

<meta name="keywords" content="">:

Questo *meta tag* è ignorato da alcuni motori di ricerca.

È inutile inserire qui una sfilza di chiavi modello vocabolario italiano. Se si intende usare questo *tag*, è bene inserirvi esclusivamente le chiavi che vengono usate per ottimizzare il testo descrittivo della pagina; tendenzialmente sconsiglierei di superare le 4-5 chiavi.

Un esempio potrebbe essere:
<title>Racconti di viaggi dal mondo con foto, commenti e video con *miosito.it*</title>
<meta name="description" content="Viaggi dal mondo: i nostri

utenti ci portano le loro esperienze. Racconti 100 - Immagini: 12000 - Video: 30 - Clicca, leggi e condividi!">
<meta name="keywords" content="racconti, viaggi, mondo, immagini, video">

Anche se, sinceramente, non sarei per usare questo *meta tag*.

4.5 Quando Title e Description appaiono "diversi"

- *"Ma come, io ho messo questa Description e su Google appare un'altra che non conosco!"*

Capita. Google, cercando sempre di rispondere in modo più coerente alle richieste degli utenti, nel caso di siti presenti in Dmoz[11], mostra la *description* che l'editore ha inserito in ODP[12], la maggiore Directory esistente. Lo fa in quanto considera a priori affidabile quella *description* e comunque in funzione della ricerca dell'utente, come detto prima.

Facciamo ora qualche esempio; vediamo come appare il sito www.giorgiotave.it su Google per una ricerca che lo vede primo; cerchiamo '*tutto programmi gratis*':

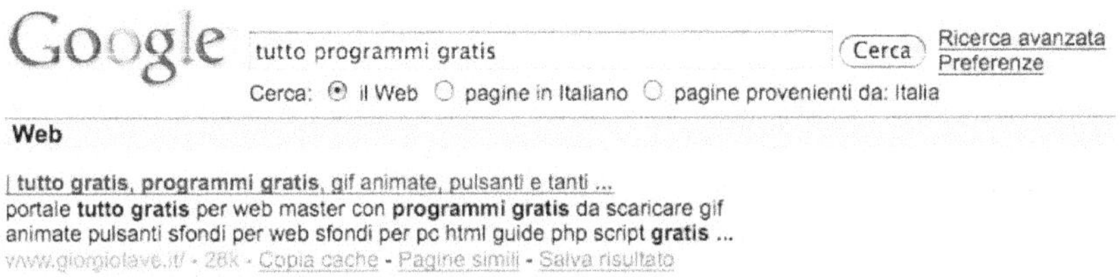

Google tutto programmi gratis Cerca Ricerca avanzata Preferenze
Cerca: il Web pagine in Italiano pagine provenienti da: Italia

Web

I tutto gratis, programmi gratis, gif animate, pulsanti e tanti ...
portale **tutto gratis** per web master con **programmi gratis** da scaricare gif animate pulsanti sfondi per web sfondi per pc html guide php script **gratis** ...
www.giorgiotave.it/ - 28k - Copia cache - Pagine simili - Salva risultato

Immagine di Google.it per la ricerca 'tutto programmi gratis'

Tralasciamo per ora l'ottimizzazione. Vediamo come sia il *Title* che la *Description* appaiano fortemente inadeguati. Ma possiamo vedere che Google li mostra in modo differente in relazione al variare dei termini usati nella ricerca dall'utente rapportandosi a quanto presente nella *Description* di Dmoz-ODP per la recensione di quel sito.

In ODP, giorgiotave.it è *descritto* in questo modo:

Giorgiotave.it
Offre una raccolta di risorse gratuite e accoglie una comunità virtuale che si occupa principalmente, ma non solo, di search engine marketing.

Facciamo ora una ricerca su Google per la chiave *giorgiotave.it.*

Google giorgiotave.it Cerca Ricerca avanzata Preferenze
Cerca: il Web pagine in Italiano pagine provenienti da: Italia
Web
Giorgiotave.it
portale tutto gratis per web master con programmi gratis da scaricare gif animate pulsanti sfondi per web sfondi per pc html guide php script gratis ...
www.giorgiotave.it/ - 28k - Copia cache - Pagine simili - Salva risultato

Immagine di Google.it per la ricerca giorgiotave.it

Il *Title* è cambiato, e siccome la ricerca è *Giorgiotave.it*, il motore cerca di fornirmi la migliore risposta possibile e prende il *Titolo* che presenta ODP. Cerchiamo ora di far uscire la *Description* di ODP; effettuiamo una ricerca con la chiave: *Giorgiotave.it raccolta di risorse gratuite*, ed ecco che il motore ci restituisce quella *descrizione*

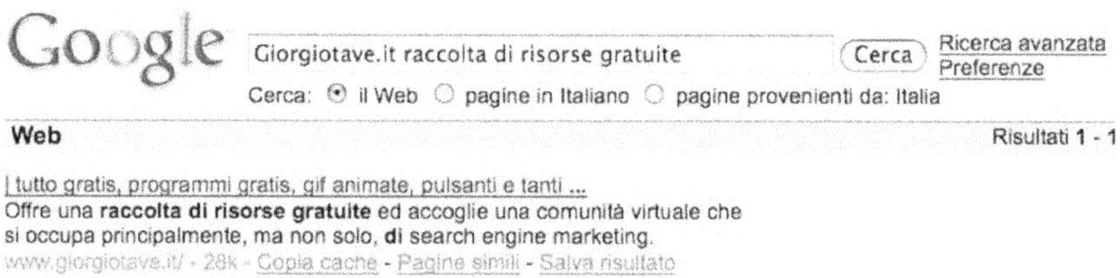

Immagine di Google.it per la ricerca Giorgiotave.it raccolta di risorse gratuite

Possiamo poi tentare di far uscire entrambi, sia il *Titolo* che la

Descrizione di ODP con la chiave *Giorgiotave.it raccolta di risorse:*

Google giorgiotave.it raccolta di risorse Cerca Ricerca avanzata Preferenze
Cerca: il Web pagine in Italiano pagine provenienti da: Italia
Web Risı

Giorgiotave.it
Offre una **raccolta di risorse** gratuite ed accoglie una comunità virtuale che si occupa principalmente, ma non solo, **di** search engine marketing

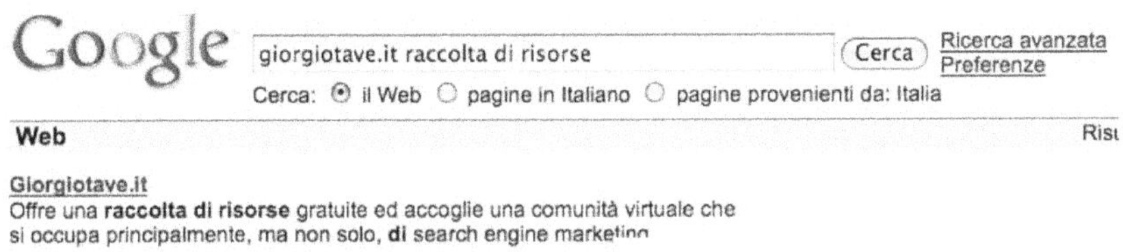

Immagine di Google.it per la ricerca Giorgiotave.it raccolta di risorse

Ora la domanda potrebbe essere:

- *ma le ultime due ricerche sono quasi uguali, perché nella prima il motore mostra come Title quello inadeguato presente nella pagina e nella seconda Giorgiotave.it?*

La mia risposta, andando per logica, è che usando nella domanda 5 parole invece di 4, venga maggiormente diluita la ricerca e quindi il motore è meno certo di poter offrire all'utente la risposta migliore restituendo *Giorgiotave.it* come *Title,* e opta così per il Title realmente presente nella pagina.

L'ultima domanda che potrebbe essere posta è:

- *come faccio ad evitare che Google e gli altri motori di ricerca non prendano la description di Dmoz che molte volte non c'entra niente con quello che voglio comunicare ai miei utenti?*

La risposta è semplice, usando i seguenti *Meta Tag*:

- Per tutti i motori <meta name="robots" content="NOODP">
- Solo per Google <meta name="googlebot" content="NOODP">

Nel caso si intenda inibire l'uso dei dati di ODP ad altri singoli specifici motori, basterà sostituire *googlebot* con il nome dei vari *spider* di ogni motore. Ma difficilmente sarà necessario; meglio quindi usare il primo e via. :-)

4.6 Title e Description: la comunicazione è importante

I nostri utenti concentrano la loro attenzione sui primi risultati offerti dai motori di ricerca. Oggi gli utenti appaiono sempre più evoluti, sia nel ricercare le chiavi (come abbiamo visto nei primi capitoli) sia nel navigare sui motori di ricerca.

Vediamo questa interessante immagine di quello che viene definito comunemente il *Triangolo d'Oro* dei tre maggiori motori di ricerca:

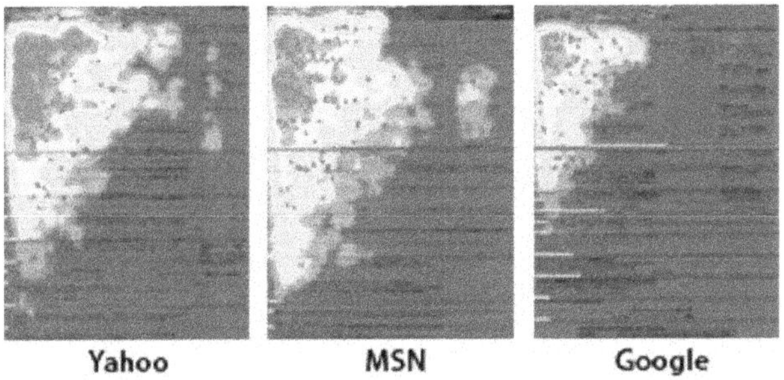

Immagine di Enquiroresearch.com

Essa rappresenta i punti di maggiore attenzione sui quali gli utenti portano con più frequenza il loro sguardo, e più la parte ci appare rossa, più essa viene considerata.

Suggerisco di seguire il link che rimanda all'articolo della ricerca originale perché offre dettagli molto validi e interessanti anche sull'uso dei motori di ricerca da parte degli utenti: http://www.enquiroresearch.com/eyetracking-report.aspx

Sarà possibile leggere come gli utenti approccino ai diversi motori di ricerca anche in base alla qualità dei risultati da essi restituiti e sarà possibile comprendere come e quanto sia importante catturare l'attenzione degli utenti, perché oggi l'utenza in genere non clicca più sul primo risultato che capita.

Analizziamo ora la seguente *SERP*:

Google vivere in thailandia Cerca Ricerca avanzata Preferenze

Cerca: il Web pagine in Italiano pagine provenienti da: Italia

Web

Quello che tutti sognano
Invesite in **Thailandia**, sognare di traferirsi, **vivere** a Phuket. ... **Vivere in Thailandia** non è come venirci in vacanza 15 giorni, sopratutto per i ...
www.amicidiphuket.it/pagine/sogni.htm - 26k -
Copia cache - Pagine simili - Salva risultato

» **Vivere in Thailandia**: ecco la casetta ed il motorino - Giorgio ... - 24 gen
Vivere in Thailandia: ecco la casetta ed il motorino - Giorgio Taverniti Blog.
blog.giorgiotave.it/index.php/vivere-in-thailandia-ecco-la-casetta-ed-il-motorino/ - 377k - Copia cache - Pagine simili - Salva risultato

Trasferirsi e **vivere in Thailandia**, kamala beach, patong beach ...
thailandia, phuket, trasferisrsi e **vivere in thailandia**, kamala beach, patong beach, voglio **vivere** così.
www.vogliviverecosi.com/.../ - 19k -
Copia cache - Pagine simili - Salva risultato

Cambiare Direzione - **Thailandia** - Guida di SuperEva
Vivere in Thailandia non è un lusso per pochi, ognuno di noi ha la sua storia con le sue certezze, vittorie e fallimenti che lo hanno portato a scegliere di ...
guide.dada.net/thailandia/interventi/2005/05/208876.shtml - 25k -
Copia cache - Pagine simili - Salva risultato

Vivere in thailandia, consigli, città dove abiatare, tipo di ...
Risposte alla domanda **Vivere in thailandia**, consigli, città dove abiatare, tipo di lavoro? nella categoria **Thailandia** di Yahoo! Answers.
it.answers.yahoo.com/question/index?qid=20070415111510AAdyj0f - 34k -
Copia cache - Pagine simili - Salva risultato

Immagine presa dalla ricerca da Google.it per vivere in Thailandia

Gli utenti del web stanno imparando a leggere i risultati che i motori di ricerca propongo con molta attenzione.

Tralasciamo qui gli aspetti di *ottimizzazione*, perché non è possibile fare un'analisi su di essa solo da uno *screenshot*[13] di una *SERP* e soprattuto perché, a questo punto del libro, non siamo ancora in grado di comprendere a pieno tutti i fattori che determinano un *posizionamento* (inoltre va ricordato che è quasi sempre sbagliato guardare la *SERP* cercando di analizzare il codice e quindi trarre conclusioni, ... ma questo lo comprenderemo meglio più avanti).

Passiamo dunque ad analizzare questa *SERP*. Il primo risultato appare davvero interessante. Quel titolo fa davvero sognare e... che dire, può esso apparire emotivamente coinvolgente? Posso assicurare che per chi vuole vivere in Thailandia la risposta è si ;-)

Il secondo risultato, che è di un blog giorgiotave, presenta un'esperienza di vita reale. La descrizione che appare è di fatto inesistente in quanto ripete il titolo; l'errore in questo caso è generato, come spesso accade, dall'errata impostazione del gestionale usato per il blog.

Il terzo e il quarto appaiono vaghi e poco coinvolgenti.

- *Quanto è importante quindi saper catturare l'attenzione degli utenti con titoli e descrizioni capaci di trasmettere immediatamente un messaggio coinvolgente all'utente?*

Tantissimo!

Cercando di ottenere una sempre migliore posizione nelle *SERP*, dobbiamo sempre ricordare di ottimizzare in modo mirato il nostro *Title* e la nostra *Description*, così da attrarre fortemente l'interesse dell'utente che tralascerà di procedere oltre nella ricerca, ed entrerà nel nostro sito.

Vediamo infine quest'altro *screenshot* relativo alla chiave *schede di libri* che ci permette di valutare un altro aspetto:

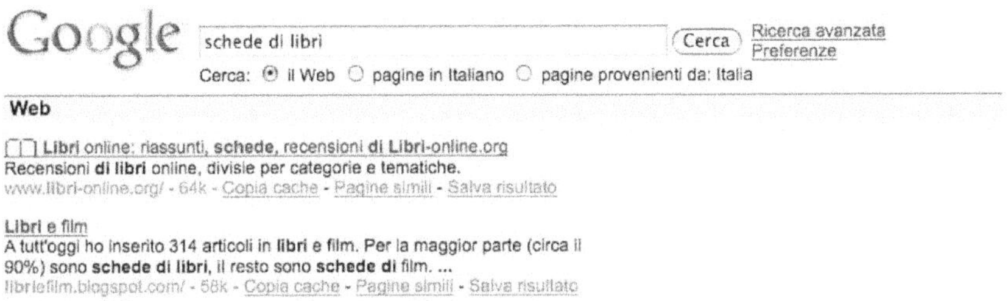

Google schede di libri Cerca Ricerca avanzata Preferenze
Cerca: il Web pagine in Italiano pagine provenienti da: Italia

Web

Libri online: riassunti, schede, recensioni di Libri-online.org
Recensioni di libri online, divisie per categorie e tematiche.
www.libri-online.org/ - 64k - Copia cache - Pagine simili - Salva risultato

Libri e film
A tutt'oggi ho inserito 314 articoli in libri e film. Per la maggior parte (circa il 90%) sono schede di libri, il resto sono schede di film. ...
librefilm.blogspot.com/ - 58k - Copia cache - Pagine simili - Salva risultato

Se osserviamo il primo risultato, possiamo notare che l'immagine che precede il Titolo ricordi chiaramente la forma di un libro; questo, che attrae fortemente l'attenzione dell'utente veicolandola immediatamente sull'argomento trattato, non è altro che il risultato del codice [¯|¯].

Alcuni test effettuati su di un grande numero di risultati e di pagine indicizzate, hanno portato a riscontrare un 10% di contatti in più da quelle *SERP* solo per aver inserito un simbolo di una freccia prima del Titolo (|▶). Questo accorgimento è stato presto notato ed è diventato troppo diffuso, quasi una moda, e Google ha finito con l'escluderne la lettura, purtroppo.

Bene, ci tenevo a trattare l'argomento *Title* e *Description* anche in funzione di questi aspetti solo apparentemente marginali.

Ora entriamo nel centro della pagina!

4.7 Nel Body

Il *body* è il corpo del testo dove tra i *tag* <body> </body> inseriremo il nostro messaggio.

Come ho già detto in precedenza, non esistono nel posizionamento formule magiche, quindi valutando i seguenti fattori capaci di influenzare il posizionamento non significa che domani si debba andare nel sito e controllare che uno ad uno siano tutti presenti, ma si dovrà tentare un analisi ampia e che sappia rapportarsi alla particolarità del sito in questione in modo coerente e conseguente.

Se ad esempio si sta ottimizzando il *Title* per *Viaggi dal mondo* e questa frase non è presente nel *body,* c'è qualcosa che non va: perché titolare una pagina con chiavi e argomenti non presenti nel corpo del testo? È molto importante che invece ci sia e che gli *spider* trovino riscontro di quanto trovano titolato analizzando la pagina.

Vediamo ora uno a uno i *tag* più significativi presenti nel *body* con una importante premessa: non preoccupiamoci troppo di volerli inserire o usare ad ogni costo, e ancor peggio in modo improprio o fantasioso; in caso di dubbi basta consultare una delle guide in linea del *W3C* (w3c.org).

- Le prime righe dopo il body

Le prime righe dopo il *tag* <body> sono quelle che catturano l'attenzione dell'utente ed è possibile quindi che i motori di ricerca diano molto importanza a questo testo; in esse si dovrà concentrare la descrizione più ampia e dettagliata possibile dell'argomento che si tratterà nella pagina.

- Le Intestazioni (H1, H2, Hx)

L'*H1* è l'intestazione più importante della pagina. Se si decide di usare le intestazioni, questa è senz'altro la più incisiva, in grado di indicare ai motori che il corpo racchiuso tra i tag <h1> </h1> è l'argomento principale.

Va evitato l'inserimento in questo corpo di astratte serie di chiavi, ma è bene riportare in modo naturale, conciso e chiaro la descrizione di quanto si va a presentare.

Se si ha l'intenzione di usare più Hx, (H2 - H3 ecc.) allora il consiglio è di seguire le regole del W3C, applicandole a scalare nella pagina secondo l'uso naturale delle intestazioni per i vari argomenti.

È possibile usare anche più *H1* in una pagina, ma nel caso sarebbe quasi sempre consigliabile creare un'ulteriore pagina.

- L'anchor text dei link

È il link ad una pagina esterna che andiamo ad inserire in una parola specifica del corpo del testo; in questo caso il codice sarà:
<a href="">Anchor</a>

La chiave dentro il *tag* **<a> </a>** assume così molta rilevanza ed è alla base del passaggio di popolarità da un documento ad un'altra pagina. Approfondiremo questo aspetto nei prossimi capitoli.

- I vari bold, i, u

Quando noi vogliamo dare ad alcune frasi una maggiore rilevanza rispetto al resto del corpo del testo, possiamo usare uno di questi *tag,* ordinando così che quella parte di testo appaia ad esempio in *corsivo (italic - <i></i>),* in **grassetto (bold - <b></b>)** o sottolineato (underline - <u></u>).

Gli spider sono sensibili a questi ordini e, come il lettore, anche loro attribuiscono particolare importanza al testo così presentato.

- Alt delle immagini

L'*Alt* è il *tag* descrittivo dell'immagine che stiamo mostrando ai nostri utenti che, in caso di non visibilità della stessa per problemi di server o altro, è in grado di sopperire comunque con informazioni *alternative* all'inconveniente; è quindi un testo considerato rilevante per i motori di ricerca.

Non abusate mai di queste opportunità andandovi ad inserire ad ogni costo ridicole ed inutili liste di chiavi, i motori di ricerca hanno sistemi molto sofisticati ed efficaci per riconoscere e neutralizzare descrizioni forzate, non naturali o spam.

Non perdete tempo neppure a tentare di inserire le chiavi in particolari posizioni del testo, sul *dove* mettere o ripetere la chiave insomma, e tantomeno sulla sua percentuale in relazione all'insieme delle parole del testo (*keydensity*). Sono tutti concetti da tempo dimostrati inutili e che vi porterebbero solo sulla cattiva strada in quanto non esiste una percentuale esatta, una lunghezza standard o una posizione dove mettere sempre la chiave. asatevi assolutamente sulla naturalezza della vostra descrizione e sul buon senso. :-)

4.8 Struttura Sito

Tratteremo questo capitolo sotto due aspetti; quello dei nomi dei *file* e quello della struttura di navigazione.

Il nome del File e della Cartella

Inserire la chiave nel *nome del file* e/o della cartella sicuramente attrae l'attenzione degli *spider*, offrendo qualcosa in più all'ottimizzazione della pagina, ma sempre senza mai abusarne, senza ripetere la chiave e senza creare assurde *URL* lunghissime.

Giunti a questo punto, succede spesso che la domanda sia:

➢ *meglio usare il trattino o l'underscore?*

La risposta è semplice: **va usato quello che si preferisce in funzione della descrizione, in quanto non c'è nessuna influenza sul posizionamento, ma solo sull'indicizzazione; usando il trattino (-) si separano le parole e quindi Google considera quelle come due parole separate e differenti; usando l'underscore (_) le considera una parola sola.**

Ma questo, come detto, non influisce sul posizionamento nei motori di ricerca.

4.9 Esempi di Ottimizzazione

Vediamo ora di fare un esempio di ottimizzazione partendo dai Meta tag[14] del codice della nostra pagina; questo esempio potrà sempre tornarci utile quando rivedremo i vari punti specifici di questa tecnica. Cerchiamo di memorizzare alcuni concetti importanti non tanto per poi esprimerli nel codice, quanto per capire che non è per nulla utile tendere a inserire ovunque le chiavi che più ci interessano. Ecco l'esempio (in grassetto il codice):

```
<html>
<title>Racconti di viaggi dal mondo con foto, commenti e video
con miosito.it</title>
<meta name=”description” content=”Viaggi dal mondo: i
nostri utenti ci portano le loro esperienze. 100 racconti – 12.000
1mmagini - 30 Video - Clicca, leggi e condividi!”>
<meta name=”keywords” content=”racconti, viaggi, mondo,
immagini, video”>
<body>
<h1> I migliori racconti di viaggio</h1>
<p><img src=”personaviaggio.jpg” alt=”Una persona in viaggio
nel mondo”> Oggi sono tantissime le persone che viaggiano nel
mondo e poi riportano i loro <b>racconti</b> completi di foto e
video. Noi abbiamo creato questo sito per raccoglierli, <a
href=”pagina-invio-racconti.htm”>aspettiamo il tuo!</a></p>
<p>Ecco i racconti divisi per nazione:<br>
<a href=”thailandia/”>Thailandia</a> - <a
href=”giappone/”>Giappone</a>
</p>
<p>Ecco gli ultimi racconti inseriti:<br>
<a href=”thailandia/racconto1.htm”>Racconto 1</a><br> <a
```

```
href="giappone/racconto2.htm">Racconto 2</a>
</p>
<p>© Sitoviaggi.it: l'esperienza di chi ha viaggiato</p>
</body>
</html>
```

Ovviamente l'esempio sopra non contiene nessuna grafica. Vediamo come ci apparirebbe un codice simile aprendo la pagina nel *browser*:

La pagina sopra appare evidentemente molto povera di testo. Sarebbe bene che noi riuscissimo ad ampliare il testo arricchendolo con argomenti attinenti o correlati in modo del tutto naturale, senza andare forzatamente alla ricerca dell'inserimento della chiave in tutti i tag.

Questa pagina è però ben ottimizzata. Il livello ora raggiunto è ben apprezzato dai motori di ricerca e a questo punto possiamo già vedere come non si sia usato nessuno stratagemma nascosto, nessuno trucco, nessuna magia.

Abbiamo scritto in modo naturale alcune frasi, abbiamo ottimizzato un'immagine, abbiamo inserito dei link.

Non abbiamo compilato nessuna formula particolare; l'ottimizzazione deve essere la naturale scrittura descrittiva di un argomento in una pagina, finalizzata a trasmettere informazioni reali all'utente che la leggerà.

Ora che abbiamo fatto un quadro generale sull'ottimizzazione di *una pagina*, incominciamo a parlare dell'ottimizzazione *del sito.*

4.10 La Struttura di Navigazione

Abbiamo visto ora come l'**ottimizzazione** di *una pagina*, trattando cioè i suoi vari aspetti tecnici, possa influenzare in modo significativo la posizione della pagina stessa sui motori di ricerca. Passando alla **struttura di navigazione**, andremo a trattare alcuni aspetti tecnici legati all'intero sito (non più dunque limitandoci alle singole pagine) capaci di influenzare le posizioni delle pagine sui motori di ricerca.

STRUTTURA AD "ALBERO"

Una buona struttura di navigazione del nostro sito, oltre ad aiutare gli utenti a fruire meglio delle informazioni presenti, rende il nostro sito più appetibile per i motori di ricerca.

Una delle strutture che offre migliori risultati è quella chiamata ad "albero", che permette agli utenti, navigando il sito in profondità, di raggiungere in modo sempre più dettagliato e specifico le informazioni che necessita.

L'immagine sopra si riferisce quindi al diagramma ideale della struttura del nostro sito; vediamo ora di analizzarla cercando di comprendere come riprodurla sul web attraverso gli *URL*:

http://www.sitoviaggi.it

- http://www.sitoviaggi.it/thailandia/
  - http://www.sitoviaggi.it/thailandia/bangkok-krabi.html
  - http://www.sitoviaggi.it/thailandia/viaggio-siam.html
- http://www.sitoviaggi.it/giappone/
  - http://www.sitoviaggi.it/giappone/sol-levante.html
  - http://www.sitoviaggi.it/giappone/tokio-sendai.html

Quindi dalla nostra *home page* sui racconti di viaggio SitoViaggi.it avremo due link che punteranno alle cartelle thailandia/ e giappone/ che a loro volta conterranno i link ai soli racconti di viaggio che riguardano quelle nazioni.

CARATTERISTICHE PRESENTI IN UNA BUONA STRUTTURA

L'esempio riportato, da solo, ovviamente, non basta. Una buona struttura presenta anche le seguenti caratteristiche:

- ogni pagina del sito è ottimizzata in tutto e per tutto, seguendo la traccia già descritta nel paragrafo precedente (*title*, *description*, *body*) per l'argomento specifico che tratta. Quindi la cartella thailandia/ dovrà essere ottimizzata per le chiavi '*racconti di viaggio in Thailandia*';
- tutte le pagine devono contenere un *link* di rimando alla *home page*;
- i racconti (in questo caso specifico) oltre al *link* di ritorno tutte *le sottopagine* (in questo caso *'Bangkok-krabi'*) oltre al link di rimando alla *home page*, conterranno anche un *link* di rimando alla loro categoria di appartenenza; un racconto della Thailandia avrà dunque un *link* alla cartella

'thailandia/.'

Una delle caratteristiche più utili, molto apprezzate dagli utenti (e anche dai motori) sono le *briciole di pane* (*Breadcrumb* in inglese); non sono altro che un'indicazione all'utente che gli comunica costantemente dove si trova rispetto alla struttura del sito.

Immaginando di visualizzare la pagina di un racconto in Thailandia, presenteremo le *briciole di pane* in questo modo, come un *menu* di navigazione:

Tu sei qui: *Home Page > Racconti Thailandia > Racconto 1*

Ovviamente le parole chiave *home page* e *racconti thailandia* avranno un link di rimando rispettivamente a sitoviaggi.it/ *e sito* viaggi.it/thailandia/

ESPANSIONE DELLA "STRUTTURA AD ALBERO"

Strutturare informazioni *ad albero* permette di approfondire sempre di più l'argomento ed offrire specifiche informazioni dettagliate e correlate agli utenti e ai motori. Quando ci troveremo ad avere molti racconti dalla Thailandia su Bangkok (la capitale), potremo quindi inserire un'ulteriore cartella per ospitare i racconti di viaggio in quella città:

Esempio: *sitoviaggi.it/thailandia/bangkok/racconto.html*

In questo specifico esempio abbiamo visto una struttura dettata dalla *provenienza* dei viaggi senza che questa venga influenzata da altre caratteristiche dei racconti. Per fare un ulteriore esempio e studiare meglio l'argomento vediamo come questa struttura può essere influenzata da ulteriori caratteristiche dei racconti, come le *immagini*.

I racconti, di solito, vengono pubblicati sul web in formato testuale, ma presentano spesso foto e/o video. Ma è bene fermarci un attimo per una breve considerazione.

Quando quasi un decennio fa agli utenti era permesso collegarsi ad internet con una connessione lentissima, i racconti venivano pubblicati solo in leggero formato testuale, presentando in rari casi piccole immagini. Con l'arrivo della banda larga ai racconti sono state subito allegate gallerie di foto correlate e, quando agli utenti è stato concesso di divenire sempre più protagonisti del web e dei suoi contenuti, si è manifestata la massiccia pubblicazione dei video, recentemente facilmente ottenuti con i telefonini.

Questa premessa è importante, perché ci fa comprendere la rapida e costante evoluzione della rete e di come dobbiamo restare sempre aggiornati sulle novità del web; evolve in modo velocissimo, perciò dobbiamo essere sempre pronti ed avere conoscenza e capacità per saper adeguare i nostri siti alle nuove tendenze della rete, e sempre in funzione degli utenti.

Immaginiamo ora di voler programmare la nostra struttura di *URL* del sito in modo da poter indicare ai nostri utenti e ai motori di ricerca la presenza di foto nei racconti.

Che struttura creare?

Il nostro *sitoviaggi.it* diventerebbe:

http://www.sitoviaggi.it

- http://www.sitoviaggi.it/thailandia/
  - http://www.sitoviaggi.it/thailandia/con-foto/
  - http://www.sitoviaggi.it/thailandia/solo-testo/
- http://www.sitoviaggi.it/giappone/
  - http://www.sitoviaggi.it/giappone/con-foto/
  - http://www.sitoviaggi.it/giappone/solo-testo/

Quindi, nelle varie cartelle *con-foto/* e *solo-testo/* divideremo ed inseriremo i racconti di viaggio a seconda che contengano o meno le foto.

Lo facciamo principalmente per due motivi:

- **per gli utenti**, in modo da dare loro un'informazione in più e guidarli nel modo migliore possibile nel nostro sito;
- **per i motori di ricerca,** in modo da creare contenuti sempre più specifici capaci di rispondere alle richieste degli utenti (vedi il capitolo *Prima del SEO*).

Andremo a creare questa struttura in questo modo solo dopo aver effettuato un'attenta analisi sul nostro target d'utenza, ed aver recepito quale risposta i nostri utenti (e quindi i motori di ricerca) si aspettano entrando nel nostro sito.

Una volta lanciato il sito, uno strumento usato spesso dai più esperti per meglio analizzare questo aspetto è l'inserimento di un piccolo motore di ricerca interno al sito; lo studio dei log delle parole chiave più cercate dai visitatori consente di comprendere cosa l'utente non riesce a trovare e quindi...dove si è sbagliato nel creare la struttura del sito. Questo è di solito un test che fornisce informazioni davvero importanti.

4.11 Strutture Dinamiche

Quando si sente parlare di **Strutture Dinamiche** o **URL dinamiche** molte volte i webmaster accostano il termine in base al linguaggio usato nella pagina e quindi all'estensione.

Ad esempio, una pagina che finisce con .php, al suo interno avrà codice di programmazione *PHP,* ma non per questo vuole dire che è una *URL* dinamica. Una *URL* dinamica è una pagina che nell'indirizzo web contiene dei caratteri speciali che nei linguaggi di programmazione vengono definiti *variabili* (che variano appunto).

Esempio: sitoviaggi.it/viaggi.php?id=70

In questo caso la nostra *variabile* chiamata ***id*** ha un valore *70.* In un sito di questo genere, il numero 70 potrebbe benissimo riferirsi al 70° racconto inserito. Richiamando quella *URL* nel *browser* il sito ci mostrerà quindi il racconto numero 70.

Se richiamassimo sitoviaggi.it/viaggi.php?id=75 allora vedremmo il racconto 75. Di solito, questi siti si appoggiano a un *database* che contiene tutte le informazioni e a seconda delle *variabili* che gli utenti richiamano, mostrano un risultato.

In passato quindi gli stessi motori di ricerca dichiaravano che non erano in grado di indicizzare al meglio questo tipo di *URL* perché le combinazioni possibili di URL apparivano infinite (ci sono anche casi dove i siti hanno nell'*URL* più di una *variabile*). Recentemente però alcuni motori di ricerca (Google in primis), hanno dichiarato di aver risolto questo problema e di non rilevare più alcuna difficoltà nell'indicizzazione di questi *URL*.

Quindi, noi come possiamo adeguare le nostre pagine?

Cercheremo sempre e comunque, quanto più possibile, di avere siti con *URL* statiche, senza nessuna *variabile* presente.

I motivi sono i seguenti:

- ci sono motori di ricerca che ancora presentano diversi problemi nel rapportarsi a pagine *dinamiche*;

- una *URL statica* può presentare la chiave nell'*URL*, a differenza delle *dinamiche* e quindi potremmo beneficiare di questo valido aspetto;
- una *URL statica* è di facile memorizzazione; gli utenti la ricorderanno meglio, anche nel caso fosse riportata in promozioni su carta stampata e quindi non cliccabili.

Oltre a questi motivi dobbiamo prendere in esame l'intera struttura del sito, non solo la singola pagina e per questo possiamo dire che le Strutture Dinamiche vanno evitate, cioè è bene non sviluppare interi siti dove sono presenti pagine con solo URL variabili.

➢ *Ma vi sono tuttavia casi dove diviene particolarmente difficile poterne farne a meno; come possiamo comportarci in queste situazioni?*

Possiamo *riscrivere* gli *URL.*

4.12 URL Rewriting

Questa parte del libro è forse la più tecnica. Dopo aver trattato di *ottimizzazione* e *struttura*, arrivando all'*URL rewriting* toccheremo l'apice e occorrerà attenzione nel seguire i concetti.

Ma nessun problema: siamo giunti all'ultima parte di questo capitolo; dal prossimo inizieremo a parlare di **Popolarità**, con meno "tecnicismi" e concetti più semplici da seguire.

La tecnica *dell'URL rewriting* consente di cambiare una *URL:*
Dalla nostra pagina dinamica: sitoviaggi.*it/viaggi.php?id=75*
Possiamo ottenere: *sitoviaggi.it/viaggi/75.html*

A seconda delle informazioni che abbiamo nel nostro *database* possiamo creare URL anche di questo tipo:
Da: *sitoviaggi.it/viaggi.php?id=75&titolo=viaggio-giappone*
A: *sitoviaggi.it/viaggi/viaggio-giappone.html*

Le possibilità sono infinite. In questo modo noi non andiamo a modificare una a una le *pagine dinamiche*, ma attraverso alcuni file di istruzione indichiamo al nostro *server* come interpretare quelle *URL*.

Il tutto dipende da che tipo di server ospita il nostro sito, se *Linux* o *Windows*.

Con *Linux*, useremo il *Mod Rewrite* di *Apache*

Con *Windows*, useremo *ISAPI_Rewrite* di *IIS*

MOD REWRITE DI APACHE

Il *mod_rewrite* è un modulo per *Apache*. Il modulo associa subito un *URL* virtuale (non presente realmente) a uno reale, tramite regole definite nel file *.htaccess*

Nella maggior parte dei *server* questo modulo è già attivo. Possiamo comunque far controllare o richiederlo a chi ci fornisce il servizio hosting[15]. Quindi, per riscrivere un *URL*, non dovremmo far altro che creare un file .htaccess e inserirlo nella *root* del sito:

Sitoviaggi.it/.htaccess

Per creare il file possiamo aprire un qualsiasi editor di testi, inserire le istruzioni e poi salvare il file dando il nome ed estensione: *.htaccess.*

Ecco un esempio di istruzione da scrivere nel *.htaccess*:
RewriteEngine On
RewriteRule ^index.html$ fooindex.php [L]

La prima linea attiva il rewrite[16] (va sempre inserita). La seconda linea specifica una regola (RewriteRule) composta da:

- l'URL da riscrivere, tra ^ (inizio stringa) e $ (fine stringa), quasi sempre formato da espressioni regolari (in questo caso *^index.html$)*
- l'URL al quale inviare la richiesta (in questo caso *fooindex.php)*
- parametri (tra parentesi quadre, separati da virgole)
    - *[L]* "ultimo"; comunica al rewrite di fermarsi e di non controllare le regole successive
    - Oppure *[R=301]* ; crea un *Redirect 301*
    - Oppure *[R=302]* ; crea un *Redirect 302*
    - Oppure *[QSA]* "accoda query string"; se volessimo usare più parametri, questa istruzione li accoderebbe, facendoli eseguire tutti.

Inserendo le due righe di istruzioni riportate sopra nel file *.htaccess,* che andranno in *sitoviaggi.it/.htaccess*, quando un utente visita *sitoviaggi.it/index.html* il *server* mostra la pagina *sitoviaggi.it/fooindex.php* senza che l'utente avverta nulla.

Segnalo la guida completa sul *Mod_Rewrite* che è presente nel Wiki del Forum GT e che approfondisce l'argomento nel dettaglio: http://www.giorgiotave.it/wikigt/os/Guida_mod_rewrite

La parte ***teoria*** della guida è valida anche per il successivo *ISAPI_Rewrite di IIS.*

ISAPI_REWRITE DI IIS

La soluzione per l'*URL* rewriting più diffusa per *IIS è ISAPI_Rewrite.* http://www.isapirewrite.com/

Rispetto al *Mod_Rewrite,* le istruzioni da dare a *ISAPI_Rewrite*, devono essere inserite nel file *httpd.ini*.

Facciamo un esempio, volendo portare l'*URL*

Da: http://sitoviaggi.it/thailandia/leggi.asp?cat=con-foto&id=123

A: http://sitoviaggi.it/thailandia/con-foto/123.html

nel nostro *httpd.ini,* noi dovremo dare queste istruzioni:
RewriteRule ^/thailandia/([a-z]+)/([0-9]+)\.html$ /thailandia/leggi.asp?cat=$1&id=$2

In questo paragrafo abbiamo visto solo alcuni esempi valutando sommariamente i vari principi che portano queste regole a cambiare da sito a sito. A questo indirizzo http://en.wikipedia.org/wiki/Rewrite_engine oltre alla spiegazione generale in inglese, sono presenti numerosi link di approfondimento su come fare *URL Rewriting su IIS.*
Bene, con questo chiudiamo la parte del libro dedicata all'**Ottimizzazione**. Ora cambiamo completamente argomento, passando dai *Fattori Interni* del posizionamento ai *Fattori Esterni.* Al via quindi con la *Popolarità.*

5.
La Popolarità

5.1 Cenni Generali

Tra i *Fattori Esterni* al sito che influenzano il posizionamento delle nostre pagine sui motori di ricerca c'è la **popolarità**, ovvero quanto il nostro sito è popolare su internet (in realtà la frase esatta sarebbe quanto il nostro sito è popolare nel *database* del motore di ricerca usato). La *popolarità* è diventata oggi uno dei fattori più importanti di tutto il posizionamento.

All'inizio, i primi motori di ricerca non tenevano in considerazione questo aspetto e i *Fattori Interni* (cioè l'ottimizzazione delle pagine e del sito) erano i soli ad influire sulla generazione delle *SERP*.

- *Ma come possono i motori di ricerca riuscire a comprendere quanto un sito è popolare?*

È, in effetti, semplice: attraverso i *link* che questi ricevono dagli altri siti.

Sin dalle prime fasi di applicazione, questo sistema, *più link un sito riceveva e tanto più questo era popolare* (quindi, *link popularity*) venne subito affiancato ai *Fattori Interni* per la determinazione delle *SERP*. Questo concetto fu introdotto nel 1998 e per la prima volta si iniziò a parlare di *Fattori Esterni*. Essendo le *directory* a quel tempo ancora degli strumenti molto usati e soprattutto perché l'inserimento dei siti era prettamente controllato da persone umane, uno dei *Fattori Esterni* più importanti fu proprio l'inserimento in queste *directory*, Yahoo! in primis. Immediatamente dopo esplose il fenomeno della *link popularity*, cioè *più link riceveva un sito, tanto più questo era popolare*.

Questo concetto, insieme a quello dell'aggiornamento quotidiano delle *SERP*, introdotto da *Infoseek* nel 1997, portò all'esplosione del *SEO*, ma anche degli spammer[17] che incominciarono a intossicare le *SERP* con milioni di pagine *spam*[18] (uno dei problemi più grandi che influenzò allora la qualità delle ricerche).

Alla fine del 1998 però, il concetto di *link popularity* fu radicalmente sviluppato da Larry Page e Sergey Brin; testato in un nuovo motore di ricerca e, dopo un anno di test, lanciato nel settembre del 1999. Il suo nome era Google.

Il nuovo concetto di *link popularity*, che portò subito Google alla ribalta come migliore motore di ricerca (perché era in grado di offrire risultati qualitativamente migliori; ...e ancora oggi li offre), generò un macroscopico distacco qualitativo tra Google e gli altri motori di ricerca.

Vedremo nel capitolo dedicato ai **Brevetti** e alle **Caratteristiche Specifiche** gli aspetti che permettono a Google di essere qualitativamente migliore rispetto ad altri motori di ricerca.

Questo nuovo concetto non prendeva in considerazione solo il numero di *link*, ma assegnando un punteggio numerico ad un documento presente nel proprio *database* attraverso gli stessi *link*, valutava *la qualità* del link offerto dal documento stesso diversificandone l'influenza.

Quindi, più il valore del documento era alto, più il *link* che si riceveva da questo documento era considerato importante ed influente al fine del posizionamento. Il concetto prese il nome di *PageRank*. Approfondiamolo.

5.2 Il PageRank

Il *PageRank* (nei forum lo si chiama spesso *PR*) è un valore che Google assegna ad ogni sito presente nel suo database. Il nome deriva dall'unione delle due parole *Page* e *Rank*. *Rank* sta per *classifica*, quindi classificazione dei siti, *Page* deriva dal nome di chi lo ha progettato in parte Larry Page (uno dei fondatori di Google), ma anche dal termine *pagina*.

Il *PageRank* è stato fin da subito uno dei tantissimi fattori che ha influenzato il posizionamento ma il suo valore è stato sovrastimato dai webmaster che l'hanno percepito come *determinant*e e quindi fondamentale; il tutto ha causato un interesse spropositato verso questo valore e verso la crescita del *PageRank* delle proprie pagine, creando disinformazione e portando i webmaster a concentrarsi troppo su un valore invece di prendere in considerazione altri ben più importanti.

Oggi il valore reale del *PR* ha perso molta dell'originaria influenza sul posizionamento, ma vedremo più avanti i motivi di questo ridimensionamento.

COME FUNZIONA IL *PAGERANK*?

Questo metodo di classificazione assegna ad ogni documento (pagina) presente nel *database* di un motore un'importanza, un valore numerico. Questo valore assegnato a un documento è calcolato in base ai valori dei documenti (pagine) che attraverso i *link* portano ad esso.

Più il documento che ci *linka* ha un valore alto, più importante sarà questo *link* per la nostra pagina.

Senza entrare troppo in calcoli matematici, ma al solo fine di conoscerne l'esistenza, vediamo la formula **semplificata e originaria** (oggi ampiamente superata) del calcolo del *PageRank*:

PR[A] = (1 - d) + d (PR[T1]/C[T1] + ... + PR[Tn]/C[Tn])

Dove:

- PR[A] è il valore di *PageRank* della pagina A che vogliamo calcolare
- T1...Tn sono le pagine che contengono almeno un *link* verso A
- PR[T1] ... PR[Tn] sono i valori di *PageRank* delle pagine T1 ... Tn
- C[T1] ... C[Tn] sono il numero complessivo di *link* contenuti nella pagina che offre il *link*
- d (damping factor) è un fattore deciso da Google e che nella documentazione originale assume valore 0,85. Poteva essere aggiustato da Google per variare la percentuale di *Pagerank* che poteva transitare da una pagina all'altra e il valore di *PageRank* minimo attribuito ad ogni pagina in archivio.

Da questa formula possiamo comprendere come, oltre all'importanza del documento che ci *linka*, è importante che questo documento contenga un numero limitato di *link* in uscita, così da diluire il meno possibile il valore di *PageRank* che passa alla nostra pagina linkandola.

Com'è possibile vedere il PageRank?

Il *PageRank* di un sito si può vedere attraverso la *toolbar* di Google, o attraverso i vari servizi online che interrogano i database di Google. La *toolbar* si può scaricare da qui: *http://toolbar.google.it*

Il *PageRank* che viene mostrato dalla *toolbar* presenta dei valori che vanno da 0 (barra completamente bianca) a 10 (barra completamente verde). Se la barra si presenta grigia vuole dire che:

- il documento non è ancora presente nel *database* di Google;
- il documento è stato bandito dal *database* di Google;
- Google sta effettuando qualche test.

Il valore che la *toolbar* ha da sempre mostrato è stato solo un valore simbolico in quanto il *PageRank reale* ha ben altri valori. Si potrebbe ipotizzare ad esempio questa scala:

- PageRank 1= 100
- PageRank 2= 1.000
- PageRank 3= 10.000

- PageRank 4= 100.000
- PageRank 5= 1.000.000

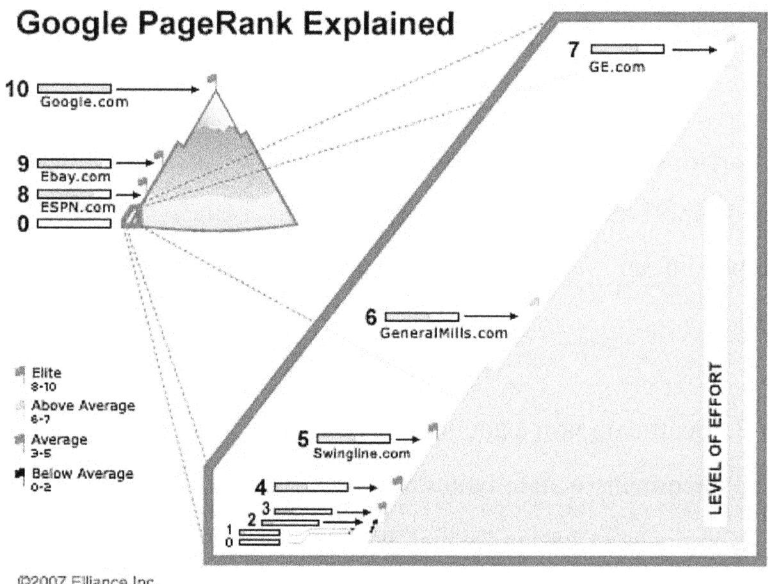

(Immagine di einfach -persoenlich.de)

In questo modo è spiegato perché appaia più difficile ottenere un *PageRank* di 5 partendo da 4, rispetto che un *PageRank* 4 partendo da 0.

Tuttavia, lasciamo perdere ora la *toolbar* per concentrare la nostra attenzione su altri aspetti. Più avanti, quando avremo compreso altri concetti, i dati sul *PageRank* potranno tornarci utili soprattutto quando comparati all'analisi completa dei *backlink* (i link che un sito riceve) di un documento.

Ogni quanto viene aggiornato il PageRank?
Il *PageRank* reale viene aggiornato in "*real time*" da Google, ma questo noi non lo vediamo in quanto, il *PageRank* della toolbar di Google, viene aggiornato ogni tre mesi circa.

Ogni volta che appare l'aggiornamento, sui forum si scatena il tam-tam dei webmaster che accorrono per inserire e confrontare i dati relativi ai loro siti, cercando di comprendere se il *PageRank* dei loro siti è diminuito o aumentato in relazione a quanto apparso agli altri.

L'aggiornamento può durare diversi giorni ed in questo periodo i vari tools online impazziscono mostrando valori di *PageRank* particolarmente differenti, ogni volta che si effettua una richiesta.
Il PageRank può diminuire per alcuni motivi:

- il numero dei link che una pagina riceve sono diminuiti;
- i siti che linkano la pagina hanno perso punti di *PageRank*;
- la scala dei valori totali è aumentata causando quindi il calo dei valori specifici.

Esiste una formula aggiornata?

Non è al momento nota nessuna formula aggiornata. Sappiamo però che le modifiche effettuate al valore dei vari *link* sono state parecchie. Alcuni link hanno un valore minore rispetto alla norma, altri un valore maggiore, altri ancora non passano alcun valore e infine ci sono quelli che portano penalizzazioni. Li vedremo uno a uno nei prossimi capitoli.

5.3 Tematicità

Immaginiamo che il nostro sito di *racconti di viaggio* diventi popolare perché tutti i siti del settore segnalano, linkandoli, i nostri bei racconti.

Un bel giorno noi, in questo sito di viaggi, inseriamo una pagina che parla di *scarpe*.

Gli utenti che hanno seguito la segnalazione (link) dei webmaster e sono arrivati al nostro sito certi di trovare bei racconti di viaggi, possono forse essere soddisfatti se gli appare la nostra nuova pagina di *scarpe*? Probabilmente no.

Tra i tanti fattori e/o algoritmi che Google ha implementato durante questi anni c'è quello chiamato *HillTop* (2004) che è stato in grado di assegnare un valore relativo ad alcuni argomenti, portando ad un notevole miglioramento delle *SERP*. Questo algoritmo è stato pensato per dare più importanza al passaggio di popolarità tra i siti a tema, riuscendo così ad offrire agli utenti risposte più pertinenti.

Questo algoritmo tuttavia è stato introdotto solo nelle chiavi che restituivano un numero altissimo di ricerche ed è servito prettamente per raffinare la ricerca. Il suo funzionamento, che può a tratti ricordare quello del *PageRank*, è il seguente:

- quando un utente effettua una ricerca, *HillTop* le associa una serie di "*documenti più rilevanti*" di altri. Tutti i *link* contenuti in questi "*documenti più rilevanti*", sempre per quella ricerca, vengono conteggiati per l'assegnazione del valore. Quindi alla fine avremo una lista che conterrà prettamente documenti linkati dai "*documenti più rilevanti*" per la ricerca.

Per questo nei forum e nelle risorse online in genere leggeremo sempre che persino un solo *link* a tema (anche se con *PageRank* modesto) può essere più incisivo sul posizionamento di tanti *link* non a tema.

Con l'applicazione di questo algoritmo si è anche ottenuta la diminuzione dei siti *spam* nelle *SERP*, ma non in modo generalizzato, in quanto *HillTop* è attivo solo nelle ricerche più importanti. Un vero scossone contro lo *spam,* Google lo effettua con l'introduzione del *TrustRank.*

5.4 Il TrustRank

Il brevetto, depositato da Yahoo! (http://tinyurl.com/f539j), ha visto la partecipazione di Zoltán Gyöngyi. Attualmente Zoltán è un ricercatore a Google ed in passato ha dedicato le sue ricerche all'individuazione dello spam sui motori di ricerca.

Credo fermamente che Google abbia usato il concetto del TrustRank e dei suoi derivati per abbinarlo al Pagerank e migliorare notevolmente la qualità delle sue SERP. L'applicazione di questo algoritmo la si può collocare attorno al 2005.

Uno degli aspetti più problematici che i motori di ricerca hanno subito sin dall'inizio è stato la presenza dello *spam* (pagine più o meno fittizie con contenuti non rilevanti per l'utente e finalizzate ad ottenere accessi); ma riuscire a ridurre lo *spam* in modo davvero sensibile non era una cosa semplice.

Una delle ipotesi considerate era l'intervento di umani che valutassero uno a uno la reale consistenza dei siti e se contenessero o meno forme di *spam*. Ovviamente questo risultò immediatamente impossibile da realizzare visti i livelli di quantità di *spam* presenti, e così si optò per una soluzione intermedia; il *TrustRank*.

Un primo test sulla funzione del *TrustRank* venne effettuato in questo modo:

- l'algoritmo identifica ed offre serie di pagine *seme* delle quali non è però ancora certo che presentino o meno *spam*;

- un controllo umano assegna ad esse un punteggio di 0 o 1, che indica se la pagina presenta spam o meno;
- a tutti i documenti presenti nel database l'algoritmo assegna un valore di trust a seconda della vicinanza (attraverso i link) alle *pagine seme* risultate prive di *spam.*

L'individuazione delle pagine *seme* si basa su un concetto semplice: difficilmente un sito di alta qualità *linkerà* mai un sito di bassa qualità. Le due caratteristiche principali di Trust individuate sono state chiamate *Trust dampening* e *Trust splitting.*

Trust dampening

Più un documento si allontana dalla *pagine seme*, più alta sarà la possibilità di trovare un documento contenente *spam.*

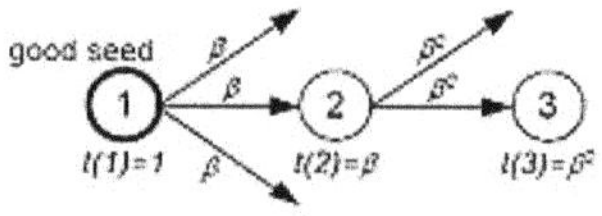

Fig. A - Trust dumpening

Nella Fig. A vediamo come la pagina numero due riceve una certa quantità di *TrustRank* attraverso un *link.* Questa quantità non è la stessa che passa alla pagina tre, infatti il valore diminuisce parecchio. Più quindi ci si allontana dalla pagina uno (in questo caso è una *pagina seme*) più il valore di *TrustRank* diminuisce.

Trust splitting

Questo valore è basato sulla cura ed attenzione dell'inserimento nelle nostre pagine di link ad altri siti, che viene considerato in modo inversamente proporzionale al numero totale di *link in uscita* presenti nel sito.

Molto probabilmente, avere pochi *link* in uscita sta a significare che abbiamo tenuto molto a questo aspetto e che quindi i *link* presenti siano per noi importanti. Al contrario, avere tanti *link* in uscita significa che abbiamo puntato ad altro, e questo aumenta la possibilità che questi *link* siano considerati non attinenti e siti spam.

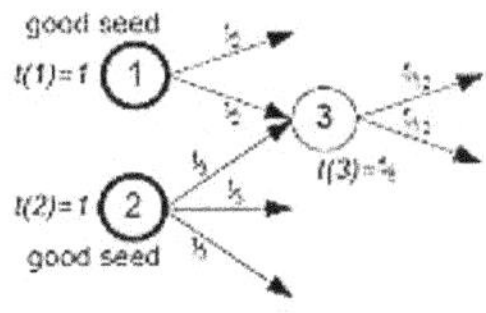

Fig. B - Trust splitting

Nella Fig. B vediamo che la pagina uno offre due link in uscita, mentre la pagina due ne offre tre. Il valore di *TrustRank* passato per ogni sito è quindi diviso per il numero di *link*. La pagina tre, in questo caso, riceve *link* da due *pagine seme* ed il valore di *TrustRank* viene quindi sommato.

Lo studio e il test del TrustRank

Per valutare l'algoritmo *TrustRank*, un team di ricercatori ha effettuato un test usando l'indicizzazione del motore di ricerca Altavista. Non si è presa in considerazione ogni singola pagina web, ma l'insieme di ogni pagina per sito. Si è arrivati ad avere quindi 31.003.946 siti, usando uno degli algoritmi controllati da Altavista.

Per selezionare i siti, si è usata la tecnica dell'*Inverse PageRank*, cioè si è cercato di individuare quelle pagine dalle quali è possibile raggiungere tanti siti (e quindi con tanti link in uscita), basandosi sul *PageRank* e sul numero dei *link* uscenti (*outbound links*). Di questi sono stati esaminati i primi 25.000 risultati.

Immediatamente sono stati eliminati i siti che:

- avevano un'alta presenza di siti-clone della directory DMOZ, a scopo di web spam;
- avevano un alto numero di siti non indicizzati in nessuna directory importante e quindi reputati poco attendibili.

I siti sono stati così ridotti a 7.900. Di questi sono stati esaminati manualmente i primi 1.250 per selezionarne 178 da usare come gruppo (*seed*) di siti *buoni*. Il numero relativamente ridotto della sezione ha consentito di adottare dei criteri molto rigidi di determinazione tra pagine *spam* e pagine *buone*. Nonostante questo, è stato adottato un secondo filtro per selezionare i siti con una *sicura e certa* autorità (come siti istituzionali o di grandi compagnie). Questo secondo filtro si è reso necessario per garantire una buona longevità del gruppo della selezione (*seed*).

Alla fine delle studio si è visto come il *PageRank* non assicuri che le SERP presentate siano anche di qualità, mentre il *TrustRank* presenta SERP molto più valide, eliminando una grossa percentuale di *spam*.

A questa pagina www.officialsm.net/articoli/trustrank_for_dummies.pdf

è presente un sunto in italiano dello studio completo in inglese "Combating web spam with TrustRank"

A quest'altra invece http://www.posizionamento-web.com/trustrank.asp è possibile vedere uno studio approfondito del TrustRank, in italiano.

Curiosità sul TrustRank

Questo algoritmo non viene ancora tanto discusso nei forum per il semplice motivo che non ha alcuna barretta verde da mostrare. Per questo il *TrustRank* di un sito non è calcolabile né quantificabile. Tuttavia è semplice trovare siti con un buon *TrustRank;* cerchiamo su Google le chiavi che ci interessano e i primi 10/15 siti che il motore ci restituirà avranno sicuramente un buon *TrustRank.*

5.5 Il BadRank e il Topical TrustRank

Il BadRank

- *Se il* TrustRank *funziona, perché non usarlo all'inverso?*

Il TrustRank è in effetti usato anche all'inverso: il *BadRank.* Si sono scelti dei *siti seed* di spam e si è passato il Bad*Rank*. Quindi, attraverso il *TrustRank* e il *BadRank*, i siti di spam vengono filtrati/penalizzati nei risultati organici.

Il concetto, molto banalmente, è il seguente:

- Le pagine di spam *linkano* molte volte altre pagine di spam. Quindi è facile assegnare un punteggio negativo a queste pagine (vedi scambio link in automatico, posti dove inserire link facilmente, ecc.).

È bene dunque prestare molta attenzione quando *linkiamo* le risorse e prestare ancora più attenzione quando da esse ci facciamo *linkare*, controlliamo sempre che i webmaster aggiornino i loro siti e non permettano agli utenti di inserire link spam.

Attenzione nel partecipare a *blog* o *forum* in disuso al solo fine di inserire *link;* di solito i luoghi dove è possibile inserire *link* in modo facile sono quelli più probabilmente catalogati come *spam* da Google e quindi da quel link riceveremo solo un penalizzante *BadRank*.

Potremo valutare una piccola *Case History di BadRank* nel capitolo **Cosa non fare**.

Il Topical TrustRank

Con l'avvento del *TrustRank* e del *BadRank* lo *spam* nelle SERP di Google ha ricevuto un duro colpo e di fatto ha cominciato pian piano a sparire. Un ulteriore risultato è stato raggiunto dall'applicazione del *Topical TrustRank;* alcuni test di studio dell'applicazione di questo algoritmo hanno dimostrato una riduzione dello *spam* fino al 43%.

Lo studio è questo: www.2006.org/programme/files/pdf/3115.pdf

Il concetto è il seguente:

- nelle grandi *community* come i forum o i social network, vengono inseriti dagli utenti enormi quantità di *link* (nelle firme e nei testi) al di fuori del controllo dei proprietari delle *community* stesse; questi *link* portano quasi sempre a risorse che non trattano lo stesso argomento della pagina dove il *link* è inserito, apparendo di fatto non inerenti al tema in questione.

Il valore di quella grande massa di *link non a tema* è stato dunque pesantemente ridimensionato con il *Topical TrustRank* anche se di fatto provenienti da un sito che continua ad essere riconosciuto come *buono* (*pagina seme*).

In questo modo, siti normalmente di nicchia che ricevono pochi *link* e di basso *PageRank* ma molto *a tema*, riescono ad emergere proprio grazie alla forza che viene riconosciuta a quei *link* a tema. Le *community* autorevoli sono state oggetto di questo test. Un link da una community autorevole, se non a tema, vale poco (anche se comunque un minimo di valore continua ad offrirlo).

Per questo è importante, quando si partecipa ai forum e ai blog, cercare di inserire link che trattino lo stesso argomento trattato dalla discussione nella quale andiamo ad intervenire.

5.6 Gli altri Motori di Ricerca

Fino ad ora abbiamo parlato quasi esclusivamente di Google e di come il motore di ricerca più usato in Italia tratta l'argomento

Popolarità. Ora approfondiamo gli altri motori di ricerca, *Yahoo!*, *Windows Live* e *Ask*.

YAHOO!

Yahoo!, similmente a quanto fa *Google* con il *PageRank*, ha il *WebRank* che misura quanto una pagina è popolare attraverso i *link* che puntano ad essa. Il *WebRank*, entrato in *beta* nel 2004, viene mostrato nella *toolbar* di *Yahoo*!. I valori vanno da 1 a 10. La differenza però con il *PageRank* di Google sta nel fatto che *Yahoo*! usa anche i dati della *toolbar* inviati dagli utenti (in forma anonima e automatica) per assegnare il *webrank*.

Ogni URL visitato con la *toolbar* viene inviato in modo automatico a *Yahoo*! per essere calcolato nel definire la popolarità del sito stesso. Per calcolare la popolarità *Yahoo*! si affida poi a siti importanti e controllati da persone, come *DMOZ* e *Yahoo! Directory*. La presenza di un sito in queste due directory rende il suo *WebRank* più importante. Ovviamente senza dimenticare il brevetto del Trustrank depositato da Yahoo! che abbiamo visto nel capitolo 5.4.

Inoltre, *Yahoo!* colleziona altri dati (sempre in forma anonima) in grado di influenzare il *WebRank*, come il tracciamento dei click o l'inserimento dei siti nei *preferiti* (con *Yahoo! ID*).

Ora sconsiglio vivamente di installare tutte le toolbar dei motori e poi iniziare a votare i propri siti, navigarli, metterli nei bookmarks tra i preferiti e via dicendo.

L'aumento di popolarità su *Yahoo*! va prodotto cercando di ottenere *link* spontanei da siti autorevoli, individuandoli proprio nelle *SERP* di *Yahoo*! e muovendoci al fine di indurre *link* ai nostri siti da quelli che sono nelle prime posizioni del motore di ricerca.

WINDOWS LIVE

Il fattore più importante per quanto riguarda *Windows Live* è la **quantità** dei *backlink* in entrata del nostro sito, senza contare la **qualità**.

Per *Windows Live* appare inoltre importantissimo l'*anchor text*[19] dei *link* che puntano al nostro sito.

Posizionarsi su *Windows Live* è abbastanza semplice oggi, basta avere un sito ben ottimizzato e ricevere una *grande quantità* di *backlink* anche di *bassa qualità*.

ASK

A partire dal 2001 *Ask* compra e adotta la tecnologia *Teoma* che, a differenza del *Google PageRank*, basa il suo concetto di popolarità collegato al tema del sito. Ad esempio, un sito di *viaggi* salirà nelle *SERP* di *Ask* se un altro sito dello stesso argomento lo *linkerà*. Il nome attuale di questo algoritmo è diventato *ExpertRank*.

Nell'ultimo anno *Ask* ha introdotto inoltre la tecnologia *Edison*, che assegna maggiore importanza all'esperienza degli utenti nei motori di ricerca. Grazie a questa tecnologia, *Ask* ha potuto esaminare tutti i comportamenti degli utenti negli ultimi anni, cercando di capire non solo i *click* degli utenti, ma anche la relazione tra essi e i documenti che poi andavano a visitare.

Il concetto quindi di *popolarità* di Ask è che oltre a dover essere linkati da siti buoni, e presentare argomenti dello stesso

tema con i siti che ci linkano, dobbiamo fornire un sito davvero ben fatto e gradevole per gli utenti, tale da trattenerli e indurli a visitarlo profondamente.

5.7 Punto della situazione sulla Popolarità

Abbiamo visto come i vari motori di ricerca oggi presentino diversi modi per calcolare la popolarità. Nella parte successiva del libro affronteremo forse uno degli argomenti più affascinanti: **Come aumentare la popolarità**.

Quello che fino ad ora abbiamo appreso e che dovremo sempre tenere a mente è che è importante ricevere *link* di qualità, da risorse a tema, tenendosi alla larga da chi fa *spam*. Ed è sempre valido il consiglio che, per trovare risorse a tema che siano rilevanti, basta cercare nei motori di ricerca.

Ma è importante ricordare che nonostante questi ottimi approfondimenti, abbiamo solo trattato **una parte** della **popolarità**, quella della **teoria**, dei motori di ricerca. Come abbiamo detto, presto vedremo **come aumentare la popolarità**, quindi dalla parte dei *webmaster*. Prima però è importante conoscere in teoria altri due aspetti che andiamo ora ad affrontare: i *link esterni* e la *popolarità senza link.*

5.8 I Link Esterni

Quando si parla di popolarità, viene subito in mente un argomento molto importante: i *link esterni* (*outbound link*), quelli che inseriamo nei nostri siti per collegare altre pagine.

- *Come usarli?*

Dobbiamo innanzitutto dire che non è vero che più *link esterni* mettiamo più noi sprechiamo il valore della nostra pagina. La nostra pagina avrà un valore invariato, al massimo passeremo meno valore (più diluito) ai documenti che *linkiamo*.

Va detto poi che i *link esterni* risultano importanti sia per la ricerca in genere nella rete, sia per i nostri utenti e che, se usati in modo da offrire veramente un contributo in più alle loro ricerche, possono divenire uno strumento davvero importante anche per il nostro sito. Quindi, oltre che inserire *link* a siti di buona qualità, nel momento di linkare una risorsa esterna dobbiamo chiederci:

ma i nostri utenti, possono essere interessati a questa risorsa? Di solito, i *link esterni* migliori sono quelli a siti autorevoli che trattano lo stesso argomento del nostro in modo particolarmente approfondito, inseriti nel testo della pagina con *anchor* nelle parole chiave usate come argomento principale, e che approfondiscono il discorso che stiamo trattando.

Non dobbiamo mai avere il timore di *linkare* un sito se questo rispecchia le caratteristiche citate sopra.

Sicuramente però, non linkeremo mai siti *spam*, cioè che usano tecniche sconsigliate dai motori di ricerca (le vedremo più avanti nella parte **Cosa non fare**) perché questo causerà una cattiva reputazione del nostro sito agli occhi degli stessi motori di ricerca e, in alcuni casi, una penalizzazione.

5.9 La Popolarità senza Link

La popolarità non è, probabilmente, solo influenzata dai link. Come abbiamo visto per *Yahoo! WebRank* o per *Ask*, vengono usate altre tecniche che però necessitano del coinvolgimento degli utenti. Per poter essere usati, gli utenti devono installare le varie *toolbar* (anche Google è tra questi).

I dati che possono essere ottenuti e analizzati dall'uso della *toolbar* sono tantissimi e anche molto dettagliati: come si arriva ad un sito web, quanto lo si visita, in che modo lo si naviga. Questi sono tutti dati che potrebbero influenzare in parte la popolarità e quindi la posizione dei siti nei motori di ricerca.

Uno dei motivi principali per cui un motore di ricerca potrebbe usare questi dati considerandoli affidabili, oltre al fatto che sono molto dettagliati, è che i *webmaster* possono influenzarli davvero in modo molto contenuto. Quindi il rischio di *spam* è particolarmente basso.

Nel momento in cui i *webmaster* avessero la certezza che l'uso della *toolbar* negli utenti influenzi in modo importante il posizionamento, essi sarebbero fortemente indotti a creare siti particolarmente mirati agli utenti (oltre a consigliare loro di scaricare le *toolbar*). Questo fattore oggi, non è molto verificabile da chi lavora nel campo e vi sono varie correnti di pensiero. La più seguita è che questi dati influenzano in modo non incisivo il posizionamento.

Sentiremo però dire spesso nei *forum* che dobbiamo preoccuparci di più dei nostri utenti, perché "piacere" a loro è la nostra prima preoccupazione. "Piacere" ai nostri utenti significherà, sempre più in futuro, "piacere" anche ai motori di ricerca.

I click nelle SERP

Un'altra delle ipotesi che viaggia spesso legata alla popolarità di un documento è che i click nelle *SERP*, cioè il numero di volte che un sito viene visitato da utenti diversi, *contano* al fine del posizionamento.

Diversi anni fa, alcuni test hanno dimostrato come fosse addirittura possibile variare positivamente posizionamenti minori con la tecnica dell'autoclick. Era cioè possibile, anche con chiavi competitive, riuscire a far salire un sito nelle *SERP* semplicemente ripetendo ***n*** volte la ricerca e quindi il click. L'esperimento è terminato quando il motore di ricerca ha penalizzato quel sito declassandolo, ma solo per quella chiave di ricerca. Era il 2003.

Oggi, lo studio dei motori sui click sulle *SERP* è parte del fattore definito *comportamento degli utenti*.

I click, insieme a un'altra serie di dati, come il modo di navigare, il modo di cercare, per quanto tempo visitiamo un sito e quanto velocemente usciamo da un sito, possono portare il motore di ricerca a compiere uno studio valutativo molto importante sui singoli siti.

A questo punto il motore di ricerca può avere dei dati da usare per influire in modo sicuro sulle posizioni dei siti nelle sue *SERP*.

6.
Come aumentare la popolarità

6.1 Introduzione all'aumento della popolarità

Oggi, aumentare la popolarità sui motori di ricerca, vuole dire soprattutto accrescere la *link popularity*, cioè cercare di aumentare i *backlink*[20] in entrata al nostro sito, anche se per ***popolarità del sito***, dovremmo intendere tutti gli aspetti che ne divulgano la presenza rendendo conosciuto e noto sia il *brand* aziendale che i servizi o prodotti in esso offerti, e poi quanto siamo presenti nei motori di ricerca ecc.

In questo capitolo vedremo la popolarità come crescita della *link popularity* e di come, a volte, questa sia anche legata alla crescita stessa del nostro *brand*. Per riuscire a capire come aumentare la *link popularity*, dobbiamo conoscere come i motori di ricerca valutano i *link*.

Non tutti i *backlink* sono uguali. Come abbiamo, visto alcuni non portano grossi vantaggi, altri non ne portano affatto, altri ancora sono addirittura penalizzanti.

I motori di ricerca in genere cercano di dare importanza solo ai *link* che veramente creano un vantaggio **all'utente e che risultano essere davvero un** consiglio **del *webmaster* a visitare una risorsa valida.**

Oltre a questo, i motori di ricerca si stanno sempre più attrezzando per capire se un *link* è spontaneo e quindi una vera risorsa per l'utente, oppure se è il frutto di una compravendita, di uno scambio o comunque sorto da accordi al solo fine di accrescere la *popolarità* del sito.

In definitiva, potremmo ancora approfondire ciò che abbiamo appreso nel capitolo **Punto della situazione sulla popolarità.**

Quanto fino ad ora abbiamo appreso e che dovremo sempre tenere a mente è come sia importante ricevere *link spontanei che veramente possano essere utili agli utenti*, di qualità, da risorse a tema, tenendosi alla larga da chi fa *spam,* commercio o scambi vari. Premesso questo, c'è un altro aspetto da non sottovalutare quando andremo a programmare la crescita dei *backlink* per il nostro sito.

È il fattore tempo.

I motori di ricerca, Google in testa, tengono conto di una crescita naturale dei *backlink* e quindi costante ma diluita nel tempo. È importante sapere che dobbiamo fare in modo che il nostro progetto riceva ulteriori *backlink* in modo lento e continuativo.

Se oggi il nostro sito ricevesse mille *backlink* in un mese e poi per i successivi dodici mesi non ricevesse alcun *backlink*, questo significherebbe che il nostro sito è stato reso importante per quel solo periodo, magari da un evento in particolare che ha colpito ed attratto gli utenti e l'interesse generale.

Questo non significa che quei mille *backlink* andranno perduti. Avranno certo portato una popolarità più alta con la conseguente salita nelle *SERP* dei motori di ricerca ma, probabilmente, potremmo poi subire nei mesi successivi una discesa, (dipende ovviamente da tantissimi altri fattori). Ricapitolando con una sintesi molto semplice quanto abbiamo imparato fino ad ora.

Per ottenere una buona popolarità è importante che un sito riceva *con costanza link* spontanei, da risorse a tema e di qualità e che veramente possano risultare utili agli utenti, tenendosi alla larga da chi fa *spam*.

6.2 I Contenuti

Nelle community *SEO* sentiremo spesso dire: "*Content is the King*" (Ciò che conta è il contenuto). Infatti, uno dei migliori modi per ricevere *backlink* spontanei al nostro sito è scrivere contenuti di qualità.

Le caratteristiche principali potrebbero essere:

- che siano unici e originali;
- che siano aggiornati frequentemente;
- che siano ridistribuibili in parte o totalmente;
- che siano fruibili in vari modi (*HTML*, *PDF*, *RSS,* Video ecc.).

Dobbiamo riuscire a creare contenuti tali da poter essere apprezzati dal nostro lettore e che siano ritenuti davvero come un contributo importante impossibile da trovare in altri siti.

Facendo un esempio sempre nel settore dei racconti di viaggio in Thailandia, con l'intento di creare un contenuto valido, noi dovremmo entrare nei dettagli della nostra esperienza, raccontando tutti i particolari che ci hanno colpito, i luoghi che abbiamo visitato e come li abbiamo raggiunti, dove abbiamo dormito, cosa e dove abbiamo mangiato; dovremmo presentare gallerie fotografiche e video dei posti che abbiamo visitato, segnalando agli utenti i racconti oggi presenti sul web interessanti che trattano il nostro argomento. E, quanto possibile, inserire i link che portano anche a pagine informative generali sulla Thailandia, sui singoli posti, sui ristorarti e sugli hotel visitati.

Un racconto di viaggio in Thailandia con queste informazioni diviene di fatto un contenuto valido, unico ed originale, che potrà facilmente ottenere *backlink* spontanei.

Scrivere contenuti di qualità quindi ci permetterà di portare avanti il nostro progetto sull'aumento della popolarità in modo più tranquillo e spontaneo, senza dover ricorrere a tecniche artificiali studiate appositamente per questo scopo. I siti migliori non ne hanno mai bisogno.

Tuttavia, oggi la maggior parte dei webmaster usa almeno una delle tecniche che vedremo, al fine unico di aumentare la *link popularity*. Non è un misfatto, ma bisogna usare sempre il buon senso.

6.3 Scambio link

Lo *scambio link* è una delle tecniche più antiche usate per aumentare la *link popularity* nei motori di ricerca.

All'inizio è nato più come uno scambio di visibilità, entrando in circuiti di scambio *banner* e/o scambio *link*, ma pian piano il tutto è degenerato quando è diventato sempre più importante e sempre più risaputo che un *backlink* ad esempio con *anchor text* "viaggi" portava dei vantaggi nella SERP per la ricerca *viaggi*. Sempre più *webmaster* quindi hanno iniziato a forzare questo fattore portandolo all'esasperazione, creando pagine apposite dove scambiare centinaia di *link* con *anchor text* specifici.

Lo *scambio link* è stata una tecnica molto valida in passato per salire rapidamente sui motori di ricerca.

I motori di ricerca hanno presto scoperto il gioco ed oggi il valore di un *link* "barattato" è davvero basso; puntare solo sullo *scambio link* per aumentare la *link popularity* può essere addirittura penalizzante, in quanto Google usa algoritmi e segnalazioni per riconoscere e segnare questi link. Non basterà creare dei circuiti di *scambio link* del tipo il sito A *linka* il sito C, il sito C *linka* il sito B ed il sito B *linka* il sito A.

Infatti non è questa l'analisi che i motori di ricerca effettuano, loro si occupano di verificare quanto un sito fa parte di un "*circuito chiuso nel web*" (attraverso i *link*). Ad esempio, se dieci di noi con tre siti a testa ci mettessimo a studiare il miglior modo per scambiare link solo fra di noi, non riusciremmo a trovare una soluzione che possa apparire valida agli occhi dei motori di ricerca, perché creeremo un *"circuito chiuso nel web*".

In definitiva quindi, lo *scambio link*, porta davvero pochissimi vantaggi, e a volte è rischioso effettuarlo.

Se proprio volessimo usare questa tecnica dovremmo farlo cercando di rispettare questi criteri:

- il sito con cui scambiamo *link* è a tema con il nostro argomento;
- non *linkeremo* né faremo *linkare* i nostri siti da pagine piene zeppe di *link*, create apposta per questo scopo;
- non *linkeremo* né saremo *linkati* usando liste di *link*, in modo da avere in poco spazio tanti *link* in fila;
- *linkeremo* e saremo *linkati* da pagine con contenuto unico, che trattano argomenti specifici, cercando di inserire *link* in mezzo al testo, coerente, che offra al lettore davvero un suggerimento importante, in un sito che riceve *backlink* da tantissimi altri siti diversi e che sia popolare sui motori di ricerca.

Nel nostro racconto di viaggi in Thailandia quindi, non avremo difficoltà ad aggiungere alcuni paragrafi dove consiglieremo di seguire le news sulla Thailandia di qualche ottimo blog. Non avremo nessuna difficoltà nemmeno a creare un'altra pagina dove racconteremo nello specifico solo dei ristoranti dove abbiamo pranzato e cenato, *linkando* poi un sito che raccoglie tutti i ristoranti Thailandesi.

Questo sito a sua volta potrebbe creare delle pagine dove presentare i migliori racconti di viaggio in Thailandia e suggerire quindi ai propri utenti di leggere il nostro, *linkandolo*.

Ma tutto questo deve ovviamente essere fatto nel rispetto del navigatore. Più le risorse che *linkiamo* sono valide, più il nostro racconto crescerà di valore. Se invece forzassimo il nostro racconto con *link* a siti non tanto validi allo scopo di fare *scambio link*, questo renderebbe nullo l'interesse del lettore nel racconto azzerandone il valore.

Non basiamo quindi la nostra strategia di *link popularity* sullo *scambio link*; questa tecnica usiamola con parsimonia e prudenza e solo in casi specifici e ben mirati.

6.4 Le Directory

L'inserimento dei nostri siti nelle *directory* del web è una tecnica che ha avuto una storia più o meno simile allo *scambio link*. Ci troveremo spesso a leggere offerte di web agency più o meno note che propongono l'inserimento in tantissime *directory* al fine di incrementare la *link popularity*.

In passato questa tecnica infatti, aveva un suo peso importante ed un ruolo anche incisivo nel posizionamento. Questo era dovuto anche al fatto che, riuscendo ad inserire il sito nelle maggiori directory esistenti (DMOZ, Yahoo!, Zeal ecc.), si ottenevano dei veri e propri balzi nelle SERP dei motori di ricerca che davano molta importanza ai link presenti in questi siti. Oggi tutto questo non vale più; il valore di questi *link* è notevolmente sceso, ed a volte appare davvero nullo.

Ci sono diversi motivi che hanno portato a questo azzeramento:

- questo fattore si è diluito in tantissimi altri fattori che i motori di ricerca usano per calcolare il *ranking*[21] di un sito.
- le *directory* più grandi non si sono evolute rimanendo tali e quali a dieci anni fa, perdendo anche l'interesse degli utenti.
- l'inserimento dei link in queste directory è effettuato in modo molto *profondo*, in categorie molto *lontane* dalla home page

(cioè per arrivarci sono necessari molti click) riducendone al minimo il valore e la rilevanza.

L'inserimento è effettuato in pagine che presentano quasi esclusivamente liste e prive di testo ottimizzato.

Dobbiamo inoltre prestare attenzione a non finire in *directory* di scarso valore, in quanto il nostro sito là inserito si avvicinerebbe a siti di scarsa o a volte dubbia qualità, rischiando di apparire decisamente meno rilevante ai motori di ricerca. Quindi non faremo mai inserimenti automatici né a caso puntando solo alla quantità, ma sceglieremo esclusivamente le migliori directory dove proporre il nostro sito.

Per farlo, possiamo cercare sui motori di ricerca la chiave *directory*, oppure *directory* + *chiave*, dove *chiave* è il nostro settore di appartenenza.

Esempio per *viaggi*: - sport, turismo, hotel ecc.

Di solito, le migliori directory si trovano nelle prime pagine e non richiedono un *link* di ritorno obbligatorio.

Se volessimo individuare altre tecniche per aumentare la popolarità dei nostri siti, allora potremmo seguire i prossimi consigli, ma sempre senza basare tutta la nostra strategia esclusivamente su di una sola tecnica.

A. Analisi completa della directory

Innanzitutto è bene effettuare una profonda analisi della *directory*, soprattutto per capire la qualità dei link in uscita.

- *Questa directory offre link solo a risorse di qualità*?

Ci vuole poco ad avvicinare il nostro sito a risorse *spam* agli occhi dei motori di ricerca, quindi dovremo stare molto attenti e dovremmo scegliere le nostre *directory* con cura.

B. Analisi della pagina che conterrà il nostro link

Bisogna quindi analizzare le risorse già inserite nella pagina dove stiamo per suggerire il nostro sito e studiare attentamente le loro *descrizioni*. Andiamo a proporre l'inserimento del nostro *link* in una categoria che presenta altre *descrizioni correlate* o solo *spam*? Se la categoria appare ben ottimizzata e priva di *spam*, che termini descrittivi sono usati nelle altre *descrizioni*?

Studiando questo aspetto e riuscendo a proporre un ottimo mix semantico tra la nostra *descrizione* e quelle già presenti, renderemo la pagina della categoria più ricca di informazioni e meglio ottimizzata, dando al nostro inserimento un maggiore valore.

Ma la cosa più importante in questa fase resta la correlazione tra gli *anchor text* dei *link* in uscita ed il *<title>* della pagina.

È importante proporre un *link* che nell'*anchor text* contenga una *chiave* presente e/o a tema con il *<title>* della pagina; è ancora meglio se tutti gli altri *anchor text* appaiono correlati.

Quindi, immaginando una pagina di una *directory* con *<title>* "*Racconti di viaggio dalla Thailandia*" sarà importante avere un *link* inserito in una delle *chiavi* principali (*viaggio in Thailandia, racconto di viaggio nel Siam,* ecc.).

C. La directory crea una pagina per ogni sito recensito?

Se la *directory* creasse una pagina apposita per ogni sito, allora dovremmo fermarci un attimo a riflettere. Innanzitutto dovremo analizzare gli altri inserimenti per capire in che modo questa pagina interagisce con la directory e con quale *Title* la presenta.

Di solito sarà usato il nostro *anchor text* e/o *titolo* che abbiamo suggerito per creare il <title> della pagina che ospiterà la nostra recensione.

Quindi questa operazione può portare svantaggi e vantaggi:

- saremo costretti a scrivere un'ottima recensione, perché questa pagina sarà direttamente visibile nelle *SERP*;
- questa pagina potrebbe ottenere nelle *SERP* posizioni anche superiori a quelle del nostro sito, per alcune chiavi;
- dovremo lavorare parecchio per riuscire a variare sia i nostri *anchor text*, sia le nostre descrizioni, rendendole uniche ed originali.

D. Cerchiamo di presentare titoli differenti

I *titoli* sono di solito usati nelle directory come *Anchor text* del link che invia al nostro sito; sono dunque molto importanti. Quando inviamo il suggerimento per l'inserimento del nostro sito in più *directory* (ovviamente è bene leggere sempre le linee guida delle varie directory, perché ognuna presenta proprie specifiche e metodi di suggerire un sito), cercheremo dunque di variare oltre al testo descrittivo anche l'*anchor text*.

È estremamente preferibile ricevere cento *backlink* con altrettanti *anchor text* diversi, **ma sempre tematicamente vicini, (racconti di viaggio, racconti thailandia, viaggi in thailandia ecc.) che usare lo stesso *anchor text* per tutti e cento i *backlink* (viaggi, viaggi, viaggi, ecc.).**

E. Descrizione nella directory

È importante variare la *descrizione* perché dobbiamo offrire ai motori di ricerca dei contenuti sempre originali. Più avanti nel libro vedremo il capitolo dedicato ai contenuti duplicati e scopriremo come questi vengano assolutamente ignorati nei risultati dei motori di ricerca. Immaginiamo di dover suggerire il nostro sito a 50 *directory* tutte ben indicizzate sui motori di ricerca.

Se invieremo a tutte e 50 le stesse identiche *descrizioni*, otterremo solo di farle considerare in gran parte inutili dai motori azzerando il loro piccolo contributo alla popolarità del nostro sito. Ma non è solo per questo motivo che dovremo fare del nostro meglio per presentare *descrizioni* differenti e originali. Con 50 *descrizioni* differenti avremo la possibilità di far uscire la nostra *descrizione* sui motori di ricerca con molte più chiavi correlate.

F. Popolarità della recensione della directory

Se la *directory* sui **racconti di viaggio in Thailandia** dedicasse una pagina intera al nostro racconto e questa divenisse visibile nei risultati di ricerca, dovremmo cercare di pubblicizzare l'evento aumentando la popolarità anche di questa pagina.

Ma non limitandosi a creare la classica paginetta "*siamo stati segnalati qui*".

Bisogna creare vere pagine informative sull'argomento, dove segnaleremo la pagina della *directory* che ospita il nostro racconto descrivendone aspetti e dettagli.

Conclusioni

È bene che il nostro sito sia visibile sulle maggiori *directory* non solo per i motori di ricerca, ma anche, in particolare, per gli utenti e i *webmaster* che in queste cercano le informazioni. È in sintesi una questione d'immagine, sia per la *directory* che per noi; se la nostra risorsa è valida, allora non ci sarà bisogno di segnalarla nelle migliori *directory*, perché essendo la risorsa visibilissima, la *directory* stessa avrà tutto l'interesse nel segnalarla inserendola nelle proprie pagine.

Se invece la nostra risorsa è valida, ma non è presente, allora possiamo segnalarla. Ma non andiamo però in tutte le *directory* a farlo. Di valide, in Italia, ne avremo una decina. Non di più.

6.5 Article Marketing

L'*Article Marketing* è una tecnica antica, più vecchia del nome stesso che la descrive. In passato l'*Article Marketing* era la pubblicazione di un articolo davvero valido che permetteva all'autore di accrescere la sua fama sull'argomento trattato. Quando l'articolo era considerato valido, veniva poi ripreso da tanti siti, citato e *linkato*.

Oggi l'*Article Marketing* per molti è la ripubblicazione dello stesso articolo in cento differenti canali al solo fine di riuscire ad ottenere *backlink* da tanti diversi siti. Qualcuno che se segue la vecchia traccia esiste ancora, ma sono rimasti davvero in pochi e ciò che domina è la pochezza.

Un articolo valido non avrebbe motivo di essere pubblicato in tantissimi siti, anzi, basterebbe pubblicarlo solo in pochi **se fosse realmente valido** perché sarebbe immediatamente ripreso, citato, linkato da tantissimi *forum*, *blog e siti* del settore. Un articolo di scarso valore invece, per riuscire ad essere letto e moltiplicare le citazioni, necessita essere pubblicato in una vasta quantità di siti.

In Italia questa tecnica è arrivata tardi, non è mai decollata veramente, ed è tuttora usata in malo modo. Questo perché oggi in Italia molti settori presentano *forum* specifici spesso popolari e di forte seguito, e quindi gli autori, al fine di acquisire visibilità nel settore, preferiscono partecipare ai *forum* e portare direttamente là il loro contributo.

Altri invece, preferiscono avere *blog* personali dove pubblicare articoli sull'argomento nel quale sono più esperti. Avere un blog attivo e aggiornato e partecipare costruttivamente a un forum di settore, rende senza dubbio l'immagine dell'autore più popolare e influente.

Se volessimo far girare un articolo su un circuito di *Article Marketing*, allora potremmo seguire questi consigli:

- pubblicare l'articolo originale nel nostro *blog/sito/forum*;
- modificarlo completamente in ogni parola, per renderlo *originale* (non nel significato ovvio e come già detto vedremo più avanti la questione del contenuto duplicato) possibilmente approfondendolo;
- segnalarlo solo ai pochi siti davvero validi di *Article Marketing,* quelli che magari richiedono che l'articolo sia completamente inedito (quindi o facciamo versioni diverse, o sceglieremo solo **il migliore** circuito di *Article Marketing*).

Infine, fare *Article Marketing* non implica *sempre* la pubblicazione dei nostri articoli sui siti che offrono questo servizio. Difatti, una delle mosse migliori che potremmo fare se non avessimo noi stessi un forum importante, un sito visitato o un blog influente, sarebbe cercare di farlo pubblicare su uno dei forum, siti o blog più conosciuti, seguiti e partecipati del settore.

6.6 Comunicati Stampa

I *Comunicati Stampa* sono un argomento sentito dai tanti SEO come "vicino" all'*Article Marketing*. In realtà ne è decisamente distante. Infatti un vero *comunicato stampa* non nasce certo per aumentare la *link popularity* o per far raggiungere posizioni importanti ad un sito sui motori di ricerca. Una delle sue funzioni primarie è di fatto l'aumento del proprio brand.

Un *comunicato stampa* deve essere scritto in modo professionale, descrivere argomenti capaci di attrarre l'interesse del lettore portando una reale informazione su di un evento. Restare sempre visibili nei circuiti del settore aumenta il *brand* e la notorietà, ma il comunicato non deve essere mai forzato.

In questo caso non dobbiamo neanche porci il quesito dei vari duplicati, in quanto un comunicato stampa è un comunicato stampa e per forza viene duplicato. E i motori di ricerca lo sanno. Se iniziassimo a pensare come non creare *comunicati stampa* uguali al fine di aggirare il problema dei contenuti duplicati, innanzitutto finiremmo per creare comunicati stampa di bassa qualità e non credibili, e quindi faremmo *Article Marketing*.

Eh si, perché è nell'*Article Marketing* (di basso valore) che si è portati a cambiare il contenuto, il *<title>* ed i *link* in funzione dell'aumento della popolarità di un sito. Ma questa è un'altra storia che, come abbiamo visto, nasce con obiettivi decisamente differenti dell'aumentare la popolarità.

- *Cosa è che ci spinge quindi a pubblicare un comunicato stampa sulla rete?*

I veri *comunicati stampa* non sono fatti per aumentare la *link popularity*, anche se poi di fatto possono portare parecchi link. I veri comunicati stampa offrono un'informazione che **fa notizia.** Inoltre, i comunicati stampa hanno canoni che se non rispettati, fanno cadere il valore stesso del comunicato, rischiando di creare l'effetto opposto di quello che si voleva ottenere.

Per approfondire questo argomento basterà effettuare una ricerca sui motori, come sempre.

6.7 Acquisto link

L'acquisto di *backlink* è una tecnica usata da parecchio tempo, ma venuta alla ribalta del SEO in Italia in questi ultimi anni. Nel primo periodo si iniziò ad acquistare link senza alcun criterio preciso, se non quello del purtroppo fuorviante innalzamento del "*Pagerank*".

Inizialmente i webmaster si sono concentrati solo su questo, senza preoccuparsi di quanto il sito da cui acquistavano *backlink* fosse realmente visibile su Google, accettando di inserire il loro *link* in liste di altri *link* e spesso da pagine non a tema.

Proprio mentre questo mercato stava divenendo fiorente raggiungendo il suo massimo splendore, sia come business, (in quanto l'acquisto di un backlink era di solito abbastanza caro) sia come livello d'esperienza dei webmaster nel saper individuare in che modo e dove acquistare buoni *backlink*, improvvisamente è stato fortemente ridimensionato da Google. Il motore di ricerca, tramite segnalazioni raccolte dai *webmaster* stessi ma soprattutto grazie all'aiuto di suoi nuovi algoritmi, è apparso in grado di individuare e "penalizzare" manualmente quei siti che, secondo i suoi dati, *vendevano link,* inserendo cioè link in uscita a risorse non a tema senza usare il *rel=nofollow* indicato da Google per questi casi (come sappiamo, il *rel=nofollow* è ancora interpretato dai motori di ricerca in modi diversi, senza essere un attributo ancora standard; ad ora solo Google gli attribuisce questo valore).

La "penalizzazione" è stata però di fatto solo *visuale*, senza cioè nessuna conseguenza nelle *SERP*, ma solo applicata alla visualizzazione del suo *Pagerank* nella *Toolbar,* la barretta verde che indica il PR. Siti che presentavano link in uscita non a tema privi del *rel=nofollow* hanno visto abbassarsi drasticamente il loro *PageRank visibile,* ma non i loro posizionamenti nelle *SERP.*

Questo ha portato una confusione generale nel mondo SEO, con momenti di panico, sia per l'uso del *rel=nofollow*, sia per il già discusso valore da attribuire al *Pagerank visibile.*

Abbiamo letto sui forum e sui blog della rete le cose più assurde mai scritte sul SEO (che comunque si presta parecchio alle interpretazioni più personali e bizzarre), aumentando ancora di più il già alto livello di confusione. Con la tecnica della penalizzazione (anche solo *visiva*) dell'*Acquisto di link,* abbiamo quindi visto come Google si è difeso da questa tecnica che rischiava di *sporcare* troppo i suoi risultati rendendoli meno credibili.

Quando e se si decidesse di usare comunque la tecnica dell'acquisto di *backlink*, allora sarà bene tener conto dei seguenti consigli:

1. Non comprare link per poco tempo.

- Cercare di costruire la propria popolarità in modo stabile è uno dei nostri obiettivi.
- Sicuramente non è positivo comprare *link* per un mese e poi lasciarli scadere.
- Il valore dei *link* aumenta con l'aumentare del tempo che permangono su una pagina.

2. Non comprare *link* che prevedano l'inserimento in una lista di altri *link* in vendita, ma comprare uno spazio/pagina aggiuntiva di un sito dove inserire una recensione vera, originale, che sia valida al navigatore di quel sito.

3. Non usare mai le stesse anchor, ma anzi diversificarle nei link che puntano ai nostri siti, così da avere una maggiore spinta su più chiavi e rendere comunque l'operazione più credibile e scevra da sospetto.

4. Non giudicare il prezzo di un *link* dal *Pagerank* che il sito mostra; questo è un valore che, come abbiamo ampiamente visto, appare decisamente fuorviante.

5. Non comprare link da siti non a tema con il nostro.

6. Cercare di comprare link da siti dove questa pratica non esiste ancora o appaia poco effettuata; cioè dove lo stesso webmaster accetta o si offra di vendere link solo a pochissimi siti che lui stesso riconosca come di qualità.

7. Controllare attentamente gli altri link presenti in uscita.

- È bene verificare che tipo di "clienti" siano presenti nella pagina dove stiamo per inserire il nostro link, perché comunque a *quei* siti i motori di ricerca assoceranno il nostro sito.

8. Assicurarsi che nessuno dei siti già presenti effettui tecniche di spam.

9. Accertarsi che il sito venditore dello spazio sia ben posizionato per le chiavi che ci interessano o per quelle a tema.

L'Acquisto di link non dovrà mai comunque essere la nostra tecnica principale, potremmo usarla se mai solo qualche volta, facendo comunque in modo che quei link appaiono davvero link e/o recensioni spontanee.

6.8 Forum e Blog di settore: partecipazione e creazione

Partecipare attivamente alla vita di un forum o di un blog dedicato al settore dove ci interessa aumentare la popolarità del nostro sito, o, meglio ancora realizzarne uno, è una delle attività più importanti per raggiungere questo scopo; senza dubbio dispendiosa in termini di tempo e difficile da concretizzare, ma che porta davvero dei grandi risultati.

Premesso che portare al successo un *blog* **non è affatto semplice** e che fare lo stesso con un *forum* **è davvero difficile,** in questo capitolo tratteremo l'argomento solo dal lato teorico legato ai motori di ricerca, anche perché per descrivere solo minimamente ognuno dei due strumenti della rete, occorrerebbe un libro a sé stante.

A. Partecipazione ai blog e forum di settore

Molte persone partecipano attivamente oggi a Blog e Forum di settore, portando il loro contributo nelle varie community. Lo si fa per vari motivi, tra i quali raggiungere la popolarità a livello personale, sia come partecipante **autorevole** ed esperto di settore, sia per i link in **firma**.

La firma **nei post dei forum e i link che di solito ospita è però uno strumento molto delicato, e con una partecipazione di massa a un forum o a un blog si deve prestare molta attenzione al come e dove intervenire.**

Nel caso, rileggiamo il capitolo dove abbiamo trattato di *Topical Trustrank.*

Partecipare a un *forum* di viaggi e avere in firma il link a un sito sull'informatica, oggi non consente altro che avvicinare quel sito d'informatica all'argomento *viaggi* e/o a sminuire il valore di quel *link.* Lo stesso vale per i *blog* ovviamente.

Per questo il consiglio è di inserire con cautela link a propri siti nelle firme o nei commenti inseriti, e farlo solo in *community* a tema.

Diventare autorevoli **invece è più difficile; occorre essere realmente attivi e costanti nel postare, oltre che preparati e avere una buona dote comunicativa, essere coinvolgenti e capaci di trasmettere entusiasmo, simpatia e rispetto.**

Chi possiede esperienze specifiche e doti comunicative, riesce a trasmettere in modo maggiore il proprio messaggio. Grazie a questo i *post* e l'*immagine* possono assumere una rilevanza particolare, più importante, che può essere usata per meglio canalizzare i lanci promozionali di progetti, ma anche servizi e prodotti.

Oggi molti *blogger* cercano di mostrarsi in modo autorevole postando documenti anche elaborati nelle *community* al fine di presentarsi alla grande massa degli utenti, poter diventare influenti punti di riferimento ed avere le condizioni per spingere i propri *blog* nel settore.

B. Creazione di blog e forum di settore

Come abbiamo già letto, creare, far crescere e portare al successo uno di questi strumenti non è semplice, anzi, a volte è davvero un'impresa, specialmente per i forum.

- *Ma che vantaggi si hanno ad avere un forum o un blog nel settore?*

Avere un autorevole e conosciuto forum o blog di settore, permette di trasmettere una grande visibilità sul web a tutti i nostri progetti ed iniziative che intendiamo portare avanti grazie agli articoli e commenti che là andremo a postare.

Questo significa che, se noi oggi creassimo un documento importante e fossimo in grado di presentarlo nel nostro *blog* "influente"o nel nostro *forum* "autorevole" avremmo molte più possibilità che questo documento riceva più citazioni e link dal web, e quindi popolarità.

Creare dunque un *forum* o un *blog* significa disporre di una "piazza" dove poter "comunicare" agli utenti. Per quanto è grande la piazza, quanti più utenti ci ascoltano, tanto più creeremo un "impatto" nel web.

Semplicemente, io la chiamo "***Potenza Comunicativa d'Impatto***"; la condizione di poter far recepire messaggi a un fidelizzato e a un vasto bacino d'utenza. Avere un forum con 1.000 utenti iscritti a cui comunicare un messaggio è ben diverso dal poter contattare direttamente 10.000 utenti, fidelizzati e targettizzati su di un argomento specifico.

La *Potenza Comunicativa d'Impatto* dipende dal numero di utenti ai quali siamo in grado di comunicare un messaggio.

L'*eco* e quindi le citazioni ed i *link* che avremo nel web dipendono dalla *Potenza Comunicativa d'Impatto*, ma anche da quanto siamo considerati autorevoli, da cosa stiamo presentando e da come lo presentiamo.

6.9 Video

I video sono diventati negli ultimi anni uno strumento di veicolazione delle informazioni davvero apprezzato dagli utenti che, grazie alla banda larga, stanno partecipando sempre di più sia alla fruizione dei contenuti video sia alla loro creazione.

Con l'avvento di *Google Universal Search* (ci sarà un capitolo dedicato più avanti), che permette di individuare i video nelle SERP attraverso una piccola immagine, l'interesse su questo veicolo è fortemente cresciuto nei SEO.

(esempio di un video nelle SERP di Google)

Non c'era bisogno di aspettare *Google Universal Search* ovviamente, ma questo ha aumentato l'uso dei video da parte di tutti, dei SEO in particolare.

➢ *Ma come possiamo ottimizzare un video?*

Innanzitutto c'è da dire che la promozione dei video si presenta alquanto diversa da quella dei siti, in quanto spazia ben oltre i motori di ricerca, innanzitutto attraverso i canali di diffusione specifici, come *YouTube e Yahoo Video*.

Uno dei primi aspetti da valutare è se la pagina nella quale andiamo a inserire il nostro video concede l'inserimento del link, così da poter rimandare l'utente interessato direttamente al nostro sito.

Possiamo poi procedere così:

- creare una pagina sul nostro sito dove richiamare il video da uno dei canali di diffusione e/o dal nostro server. Una pagina ben ottimizzata, che segua la traccia delle altre pagine del sito.

- In questa pagina, inserire *link* ai *Social Bookmark*[22] che presentano bacini d'utenza potenzialmente interessati all'argomento trattato dal video e suggerendo la nostra pagina. Il prossimo capitolo sarà dedicato ai *Social Bookmark*; in essi possiamo "inserire nei preferiti" i nostri siti in modo pubblico ed a volte anche *votarli.*

- Inserire *link* alle pagine dei siti che diffondono il nostro video, come *YouTube o Yahoo Video,* al fine di renderlo sia disponibile ad un più ampio numero di utenti, sia di fornirgli maggiore visibilità sui motori di ricerca.

- Inserendo video nei canali di diffusione specifici, essi ci chiederanno *titolo, descrizioni e tag.* Deve essere nostra cura inserirli in modo sempre diversificato per ogni canale di diffusione video che si utilizza.

- Si dovrà poi cercare di pubblicare il video in tutti i servizi che Google ritiene importanti, consentendo così di riconoscerlo e presentarlo direttamente nella *SERP* (attualmente sono considerati *Youtube, Google Video, Metaecafe e Atomfilms*).

Ed ecco una lista dei canali di diffusione video:

http://dailymotion.alice.it/it

http://www.metacafe.com/

http://video.google.com/

http://www.video.yahoo.com/

http://www.youtube.com/

http://www.atomfilms.com/home.jsp

http://next.video.msn.com/

http://www.sharkle.com/

http://www.vsocial.com/

http://www.netscape.com/video/

http://video.aol.com/

Mentre sono alle prese con la scrittura di questo libro, è in avanzata fase di realizzazione anche la *community* di GiorgioTave www.giorgiotave.it e la sua presentazione dovrebbe coincidere con l'uscita di questo libro.

Essa tra l'altro darà la possibilità ai propri utenti di scaricare e caricare video, immagini e brani musicali e ottenere blog personalizzati, oltre ad altre interessanti operazioni racchiuse in un Social Network dalle innovative funzioni. Per la presentazione e diffusione dei propri video, sarà importante trovare il canale più adatto e magari a tema con il nostro sito; in esso dovremo fare il possibile per curare il nostro profilo in modo da farlo apparire credibile, affidabile e autorevole, proprio come in una *community*.

Di solito infatti, questi servizi consentono di inserire nei propri profili una serie di strumenti di fidelizzazione e contatto rivolti agli altri utenti, permettendo così la creazione di vaste fasce di utenti interessati ai nostri argomenti che costantemente possono ricevere, in automatico, ogni nostro aggiornamento dei nostri contenuti video. In questo modo i nostri video avranno una *Potenza Comunicativa d'Impatto* a seconda di quanti utenti ci seguiranno.

Oltre ai canali di diffusione video, possiamo andare nella direzione di fidelizzare gli utenti anche direttamente dalle nostre pagine, fornendo *newsletter* e *RSS* dal sito, dal blog o dal forum, oltre agli aggiornamenti sui video.

Prima di passare al prossimo capitolo vorrei sottolineare

l'importanza che attualmente riveste l'aggiornamento su questo argomento, in quanto tutta la sfera *video* appare in continua evoluzione, così come l'interesse dei motori di ricerca su questo canale informativo è in forte e costante crescita.

6.10 Social Bookmarking

I *Social Bookmarking* sono siti che offrono la possibilità di pubblicare sul web i nostri *preferiti*, mettendoli a disposizione degli altri utenti della comunità. Quando partecipando a una web community individuiamo contenuti o pagine particolarmente interessanti, tramite i *Social Bookmarking* possiamo condividerle immediatamente con altri utenti.

I vari *Social Bookmarking* offrono funzioni diverse tra loro, con caratteristiche specifiche e complementari. Le più significative possono essere così raggruppate:

- il documento inserito in questi siti ha la possibilità di essere visibile a quegli utenti che sono interessati a quel tipo specifico d'argomento;
- la pagina che ospita il documento finisce nei risultati dei motori di ricerca e quindi avremo inserito un documento in

più nella rete per portare traffico al nostro sito;

- alcuni offrono ai propri utenti la possibilità di votare il *bookmark,* cioè quel nostro suggerimento, quando ritenuto particolarmente interessante e quindi di guadagnare un maggiore livello di popolarità.

Questi siti potranno essere utili alla nostra attività sia per aumentare il bacino d'utenza a cui ci rivolgiamo, (e quindi permettere che il nostro articolo venga più citato e linkato), sia per aumentare direttamente la popolarità del sito nei motori di ricerca.

Nella rete esistono tantissimi siti che offrono questo servizio, sarà importante studiare gli utenti che partecipano ad ognuno di essi e in base a questi scegliere a quali proporre i nostri contenuti. È inutile proporre i contenuti a tutti, dobbiamo individuare il nostro specifico target d'utenza e ad esso rapportarci.

Quale di questi tanti servizi ci permetterà di raggiungere gli utenti interessanti ai nostri contenuti?

6.11 RSS

Gli **RSS** (*Really Simple Syndication*) sono un sistema di fruizione di contenuti che permette di essere direttamente aggiornati su specifici argomenti in tempo reale e da particolari fonti, solo quando ci sono novità.

Icona usata per identificare gli RSS.

Gli *RSS* li abbiamo già visti nella parte relativa all'indicizzazione, dove abbiamo imparato che molte volte gli *RSS* influiscono sulla velocità di indicizzazione di un documento.

Nel SEO Contest "*Pagerank Patatrak*" (una recente gara/test dedicata al posizionamento che ha spinto parecchi SEO a confrontarsi pubblicamente per studiare i motori di ricerca) uno dei primi test effettuati ci ha consentito di comprendere che per far apparire un documento nelle SERP di google ci sono voluti solo 7 minuti dalla pubblicazione dell'articolo.

Questo è possibile quando il sito che presenta il documento è correttamente indicizzato. Considerando invece la stessa ricerca su *Google Blog Search* (blogsearch.google.it), abbiamo potuto constatare che, grazie agli *RSS* ed al *Ping*, è occorso solo 1 minuto; dopo 60 secondi dalla pubblicazione del documento su di un *blog,* esso è apparso nella *SERP* di Google relativa all'argomento.

Ma andiamo oltre quello che abbiamo appena citato, considerando quali sono i motivi principali che ci devono spingere a curare al meglio gli *RSS*:

- sono un canale di fruizione dei contenuti usatissimo e se i nostri contenuti fossero ritenuti interessanti, allora ci permetterebbero di entrare in contatto con tantissimi utenti, riuscendo ad informarli in tempo reale sull'aggiornamento dei nostri contenuti;
- vi sono già vari motori di ricerca e/o *directory* popolari che permettono di suggerire il nostro *RSS* e quindi di allargare ampiamente il nostro bacino d'utenza;
- gli *RSS* che portano ai nostri documenti possono essere offerti all'utenza protetti e tutelati da varie licenze d'uso,

permettendo agli utenti di richiamare i nostri contenuti nei loro siti, in parte o integralmente, offrendo sempre *link* al nostro contenuto originale.

Offrire i nostri contenuti in più formati e in più canali, ci permetterà non solo di raggiungere una vasta quantità di utenti che fanno parte del nostro target, ma anche di accrescere il livello di popolarità del nostro sito agli occhi dei motori di ricerca.

Quindi, quando andremo a posizionare il nostro collegamento *RSS* sulla pagina del nostro sito, lo faremo dandogli massima visibilità, magari inserendolo in un punto particolarmente visibile agli occhi degli utenti, e con un esplicito invito a prelevare l'RSS.

Ultimamente, per venire incontro a una richiesta sempre più specifica di documenti ottenuti tramite gli *RSS*, essi si stanno offrendo in modo sempre più diversificato; vediamo qui alcuni esempi:

- solo per gli articoli;
- solo per i commenti;

- solo per argomenti correlati (quando si trattano molti temi);
- con l'articolo completo;
- solo l'estratto dell'articolo.

Anche questo settore ha visto, in tempi recenti, aumentare fortemente la sua popolarità e appare in costante evoluzione; è quindi indispensabile restare aggiornati costantemente sull'argomento al fine di poter offrire sempre il miglior servizio ai nostri utenti.

6.12 Il Link Baiting

Prima di passare ai ben più ostici capitoli dedicati ai *Network di siti*, facciamo un accenno al *Link Baiting*. Sentiremo prima o poi parlare di questo termine (*to bait* in inglese significa lanciare l'esca) che Matt Cutts (www.mattcutts.com/blog/ collabora con Google ed è considerato dai SEO come il referente principale sull'argomento) ha definito come **qualsiasi contenuto che sia interessante per attrarre l'attenzione degli utenti e i link.**

Questa tecnica, in realtà già usata da tantissimo tempo, è diventata sempre più specifica nell'ambito dei *Social Network* e *Social*

Bookmarking. Viene quindi usata e nominata soprattutto in questi ambiti, riferendosi alla capacità di creare un contenuto che attiri gli utenti portandoli a votarlo, citarlo, linkarlo e visitarlo.

Un contenuto di questo tipo dovrebbe avere le seguenti caratteristiche:

- un titolo efficace, che attiri l'attenzione e incuriosisca;
- un contenuto coinvolgente, attraente e divertente;
- un autore importante, con una buona popolarità.

Bene, compreso anche il significato di questa "tecnica" e il modo di utilizzarla, andiamo ad affrontare il prossimo capitolo, un po' ostico, che tratta dei *Network di siti*.

6.13 Network di siti: premessa

L'argomento che stiamo per affrontare è abbastanza complesso e occorrerebbe un libro intero solo per riuscire a trattarlo in modo esauriente. Chiunque abbia intenzione di intraprendere l'attività di SEO deve studiare ore e ore per poter arrivare ad avere una sufficiente conoscenze nei tanti e svariati settori che compongono questa materia. Inoltre il materiale didattico è tutt'altro che facilmente reperibile; anzi, va spesso creato e prodotto da sé con infiniti analisi e test.

Per arrivare a trattare l'argomento *Network di siti* occorre avere già una buona conoscenza ed esperienza di base in questo settore. Perché l'esperienza in questo ambito diviene tutto. Quindi è bene che questo capitolo sia letto almeno un paio di volte, una ora e una tra qualche mese, quando si avrà avuta la possibilità di effettuare dirette esperienze sul web e provato a seguire e applicare nel concreto una delle strade indicate da queste pagine. A quel punto si avrà sufficiente conoscenza per meglio comprendere e maggiormente apprezzare questo capitolo (spero anche tutto il libro).

Per riuscire a recepire appieno tutte le particolari caratteristiche di un *Network di siti,* occorre aver appreso e inteso questi aspetti basilari:

BASI DEL SEO

Comprese e applicate le principali tecniche del posizionamento.

TEST DEL SEO

Studio continuo delle tecniche di posizionamento.

SVILUPPO E MANTENIMENTO DI SITI "IMPORTANTI"

È indispensabile aver già creato siti con un traffico importante al fine di riuscire a reperire da esso informazioni e dati.

WEB MARKETING

Occorre avere una buona base di conoscenza del Web Marketing, applicarla e testarla costantemente.

STRUTTURA DELLE SEZIONI E SITI

Bisogna aver chiaramente compreso e applicato le varie tecniche per il sistema di linking interno ed esterno dei propri siti.

CONTENUTI ED ESPANSIONE DEGLI STESSI

Occorre aver ben compreso il valore dei contenuti e come l'espansione di essi può portare nuovi accessi.

BLOG

Bisogna conoscere la *blogosfera,* farne parte e capire come interagire con essa.

RSS

È indispensabile effettuare alcune esperienze con gli RSS, comprendere come diffonderli e come incentivare il loro uso.

VIDEO

Bisogna studiare il settore video. È uno di quelli più in crescita al momento ed è importante non lasciarsi escludere da questo canale.

AGGIORNAMENTO

Aggiornarsi continuamente, sia su questi argomenti sia su quelli del nostro settore. Quando avrete finito di leggere questo libro, vari aggiornamenti ad esso saranno già disponibili sul Forum GT.

Gli esperti di questo settore dedicano anni allo studio di questi ed altri argomenti e mai nessuno smette di apprendere, di fare test, di aggiornarsi. Per arrivare inoltre a una buona conoscenza, è importante anche aver fallito. Sono i progetti e test andati male che ci offrono un'incredibile quantità di dati, e saperli leggere ci permette di comprendere meglio l'argomento trattato.

È importante quindi sapere che bisogna studiare parecchio e fare pratica sul campo prima di tentare di mettere a punto un *Network di siti* che risulti efficace.

Molte volte, per creare un *Network di siti* efficace, appare indispensabile la collaborazione di più persone, di un gruppo. Oltre a quelle conoscenze già citate sopra, avremo bisogno di una buona conoscenza dei seguenti argomenti, per i quali occorrerebbe un libro per ognuna:

HOSTING E SERVER

Tocca sapere molto bene come funziona un server. Gli errori e i file not found (cioè i file non trovati), la velocità e il monitoraggio o il suo aggiornamento sono aspetti che è indispensabile conoscere.

FILE DI LOG E STATISTICHE

Bisogna saper leggere bene le statistiche, sapere *dove vanno* gli utenti una volta entrati nel sito e *cosa fanno*, capire perché *non vanno* in determinate pagine, *dove* si bloccano, *cosa* non riescono a trovare ecc.

MARKETING AVANZATO E CONTENUTI

Occorre saper gestire l'*email*, le *newsletter*, partecipare alle *community*, saper presentare un prodotto o una pagina mettendo nei posti giusti frasi adeguate, essere al passo coi tempi e anzi... anticiparli.

ESSERE MANAGER

È indispensabile saper gestire l'insieme in modo ottimale, e applicare una visione da manager, concretizzando le idee.

TECNOLOGIE NUOVE

Bisogna rendere il *Network di siti* visibile con l'uso di diverse tecnologie, soprattutto quelle più innovative e quindi aggiornarsi costantemente. Saper restare al passo con i tempi. Ma vi sono tanti altri aspetti, di alcuni abbiamo appena accennato, che andrebbero maggiormente approfonditi.

Tutto lo studio relativo alla rete è ora solo ai primi passi, le

Università stesse stanno appena affacciandosi a questo argomento; in Italia il Dipartimento di Informatica di L'Aquila offre un Master che comprende anche lo studio dei motori di ricerca e nei prossimi anni potremo osservare la formazione di figure specifiche esperte e preparate nei vari settori.

Creare e posizionare siti web abbraccia un enorme vastità di argomenti e tematiche ed il lavoro del SEO non finisce certo con l'ottimizzazione della paginetta, possiamo anzi dire che là inizia solo il suo percorso. Un lungo percorso che dura anni di lavoro, test ed esperimenti. Perché sottolineare tutto questo?

Perché tentare di partire subito col creare un *Network di siti*, porterebbe solo alla produzione di un insieme inservibile di pagine buttando all'aria mesi di lavoro.

Una frase che non deve mai abbandonarci è: "a*nche oggi mi sono accorto che ieri ho sbagliato, per questo domani farò meglio*". Questo è il web per chi fa SEO: test e migliorarsi, studiare e aggiornarsi costantemente. Più procederemo con le nostre esperienze e più otterremo le condizioni per comprendere i nostri errori; non appaiono alternative al momento a questo stato e difficilmente appariranno nel futuro, in quanto questa situazione è la risultante della costante sfida tra i motori di ricerca, incessantemente impegnati a sviluppare celandoli i propri algoritmi, e i SEO, continuamente impegnati nel cercare di comprendere i costanti aggiornamenti e sapersi ad essi rapportare.

6.14 Network di siti: perché?

Fino ad ora abbiamo trattato l'argomento del posizionamento nei motori di ricerca senza che mai, a parte i più esperti, nella nostra mente fosse entrata l'idea di creare un *Network di siti.* Abbiamo appena visto i tanti argomenti che appare indispensabile conoscere, e bene, per poter pensare di progettare e realizzare un *Network di siti.*

Ora cominciamo a entrare nel vivo del discorso, facendoci alcune domande:

- *Ma perché un* Network di siti*?*
- *Cosa vogliamo ottenere? Quali obiettivi?*
- *Vendere un prodotto? Visibilità per un sito? Spingere altri siti*

nei motori di ricerca?

- *Fare impression? Generare traffico? Monetizzare?*

Le domande sono infinite e le strade da prendere per dare a ognuna di esse una risposta sono tante e tutte differenti. In questo libro possiamo trattare l'argomento pensando solo ai motori di ricerca, cercando di chiarire quei dubbi frequenti che possono nascere ai primi approcci con la creazione di un *Network di siti.*

Per questo, vediamo subito di chiarire un aspetto:

- Google (e i motori di ricerca in genere) non penalizza i *Network di siti* e i *link* che provengono da essi.

Certo, se noi utilizzassimo un *Network di siti* chiuso (similmente a quanto visto nel capitolo sullo **Scambio Link**) allora il nostro sito linkato da quel Network sarebbe di sicuro penalizzato o filtrato. Google dunque tiene in considerazione i *Network di siti* e tiene conto dei *link* provenienti da esso.

È peraltro vero che, in alcuni casi, ritarda l'assegnazione del valore di quei *link*, in quanto necessita di tempo per valutare l'insieme della situazione ed assegnargli un peso adeguato. Ma alla fine assegna ugualmente il valore di quei *link*.

Tutto questo però a patto che ogni sito presente nel *Network* venga sviluppato con tutte le caratteristiche di un sito *normale*, apparendo cioè reale e non nato appositamente per i motori di ricerca, e che a tal fine presenti queste due caratteristiche fondamentali:

- *continuo aumento di contenuti di qualità*;
- *continuo aumento di backlink da siti fuori dal network.*

Appare scontato che se creassimo dieci domini linkati tra di loro senza che questi ricevano link da altri siti, e aumentandoli costantemente nel tempo, allora Google ignorerebbe i link provenienti da quei siti sino a penalizzarli.

Ma quando i siti sono reali o comunque sviluppano costantemente, con nuovi contenuti e ricevendo nuovi link, anche se modesti, allora possiamo stare tranquilli. Certo il lavoro da fare per ognuno di essi è notevole.

6.15 Network di siti: tipologie

Usando solo un sito non potremmo mai ottimizzarlo in modo tale da poter raggiungere il massimo del target dei nostri utenti. Se i nostri obiettivi sono molteplici e magari anche differenti tra loro, allora potremo raggiungere gli utenti con siti diversi.

Proviamo quindi a delineare alcune tipologie di siti che si possono sviluppare ampliando e diversificando al massimo l'argomento per raggiungere e coinvolgere un numero più vasto possibile di utenti. Per fare un esempio, tornando ancora al nostro oramai caro sito sui *racconti di viaggio;* quali ulteriori obiettivi potremmo porci?

- Vogliamo far iscrivere utenti alla newsletter di viaggi?
- Vogliamo creare una comunità importante per viaggiatori?
- Vogliamo vendere banner di alberghi o agenzie?
- Vogliamo vendere direttamente i viaggi?
- Vogliamo spingere un'area info per le varie nazioni?
- Vogliamo vendere guide turistiche?

Se questi obiettivi fossero tutti reali, avremmo difficoltà nel realizzarli in un solo sito; difficilmente potremmo ottenere il massimo nei nostri obiettivi dai nostri utenti in un sito che contiene tutte queste informazioni. Ecco allora che sorge la necessità di un *Network di siti.* Ovviamente parliamo di siti con ampi obiettivi, non del sito focalizzato alla vendita di una guida turistica dedicata a una delle centinaia delle località Thailandesi.

Ora, immaginiamo di voler utilizzare il nostro sito di *viaggi* per vendere *viaggi nel mondo* e, vista la vastità dell'argomento, per questo scegliamo di creare un *Network di siti.* Dobbiamo allora studiare un'adeguata divisione dei vari settori d'intervento per questa gestione:

- E-commerce per prenotazione di viaggi
- Community viaggiatori
- Newsletter sui viaggi
- News e Blog di turismo
- Sito informativo sulle destinazioni
- Directory di siti sui viaggi e turismo
- Gallerie fotografiche di mete turistiche
- Video di viaggi
- Siti dedicati a località di nostro particolare interesse

Certamente potremmo costruire anche un solo sito che comprenda contemporaneamente tutte queste caratteristiche.

Potremo anche ottenere un sacco di accessi, magari 20.000 accessi unici al giorno, ma essi arriveranno cercando chiavi ben differenti e non potremo mai accoglierli in modo adeguato e specifico, offrendo loro immediatamente quanto hanno cercato. Smistarli poi per le tante categorie e sottocategorie trattate fino a portarli all'argomento di loro interesse significa perdere la maggioranza di essi nei tanti click necessari per raggiungere quella pagina.

Inoltre, è sempre difficile ad esempio far decollare una *community* da zero se associata a un prodotto esclusivamente commerciale, come può esserlo la *vendita di viaggi*, mentre potrebbe ricevere un notevole stimolo e supporto se fosse inserita all'interno di un sito prettamente informativo sulle varie destinazioni.

Il *sito informativo* potrebbe essere associato a quasi tutte le varie aree, ma è preferibile nello stesso sito focalizzarsi su pochi obiettivi e lasciare ad altri siti il compito di trattare gli argomenti correlati. Dividere i vari siti in funzione del target d'utenza è dunque una scelta importante che può comportare anche la realizzazione di un notevole numero di siti, con differenti impatti grafici capaci di lanciare distinti messaggi emotivi a differenti fasce d'utenza, perché ogni utente presenta bisogni diversi.

Per questo avere 20.000 unici su un sito generale che presenta contemporaneamente tutti gli aspetti possibili, è ben diverso da ottenere 4.000 visitatori sul blog; 3.000 sul sito che vende *i viaggi a Roma;* 4.000 su quello dei *video di viaggi;* 3.000 sull'*e-commerce prenotazione viaggi* e 6.000 sulla *community.* Riuscire a parcellizzare e diversificare in questo modo l'accesso dei nostri utenti, significa avere una forte possibilità di fidelizzarli, offrendo ad ognuno la differente risposta che cercano. Ogni target d'utenza necessita di un *sito diverso* con opzioni e offerte, messaggi e strutture differenti.

Ecco il motivo del *Network*: una migliore comprensione del target d'utenza, una vasta possibilità di contattarlo e una maggiore promozione del prodotto. Più mirata e specifica.

La funzione primaria quindi del *Network* di siti è la vasta e diversificata reperibilità degli utenti, non la realizzazione di un artificio al fine di lanciare messaggi ad un motore di ricerca. Una struttura reale così costruita non potrà poi che ottenere posizioni di rilievo nelle *SERP* per ognuno degli specifici argomenti trattati, come conseguenza del profondo lavoro svolto creando quel *Network di siti,* con obiettivi veri, effettivi e concreti.

Per questo è importante assicurarsi una specifica conoscenza prima di accingersi a realizzare un *Network.* Le informazioni che abbiamo reperito ad ora al fine di creare un sito, ottimizzarlo e portarlo nelle prime posizioni per una determinata chiave, sono dunque solo l'inizio della scalata e non sono in grado di consentirci la costruzione, l'ottimizzazione e quindi il posizionamento di un buon *Network.* Dobbiamo studiare di più.

Creare un *Network di siti* al solo fine di spingere un sito nei motori di ricerca è un grosso errore; ci porterebbe a perdere l'immensa mole di dati che potremmo facilmente ottenere con un *network* reale e che potrebbero fare la differenza nell'indicarci come meglio rapportarci alla nostra utenza.

6.16 Network di siti: struttura

- *Quale struttura usare per creare un* Network di siti*?*
- *Un dominio per ogni sito?*
- *Ed è meglio usare le* cartelle *o i* sottodomini*?*

Queste sono le prime domande che tutti si pongono quando si inizia a pensare ad una struttura per il *Network*.

La soluzione unica, che va bene per tutte le situazioni, non esiste. Ogni *Network* e ogni sito mostrano di solito strutture create appositamente e quindi è impossibile dare consigli a priori sull'usare l'una o l'altra soluzione.

Possiamo però definire le caratteristiche di ogni URL, creando alcune ipotesi di struttura sempre seguendo il sito dei *racconti di viaggio*:

- sito nuovo;
- sottodominio;
- cartella.

Possiamo creare un *sito nuovo* quando il nuovo progetto che

intendiamo realizzare presenta obiettivi **completamente diversi** dal nostro sito principale.
Esempio: *vendita di viaggi.*

Meglio optare per la creazione di un *sottodominio* quando il nuovo progetto che andiamo a realizzare avrà obiettivi **simili** al nostro sito principale.
Esempio: *blog sui viaggi.*

Creiamo invece una *cartella* quando il nuovo progetto che realizziamo presenta obiettivi **molto vicini** al nostro sito principale.
Esempio: *newsletter viaggi.*

Bene, con questo capitolo sulla struttura del *Network* si conclude la parte relativa all'**aumento della popolarità**. Tratteremo ora alcune delle tecniche considerate a rischio per i motori di ricerca, che possono portare a vari tipi di penalizzazione e che quindi dovremo accuratamente evitare.

7.
Cosa non fare

7.1 Cenni Generali

In questa parte del libro tratteremo alcune delle cose da non fare; andremo a trattare argomenti come le *penalizzazioni*, il *ban* e i *filtri*. Vediamo il significato di questi termini.

Penalizzazione: comporta il declassamento del nostro sito agli occhi dei motori di ricerca, facendogli perdere posizioni nelle *SERP*.

Ban: comporta l'esclusione da tutti i risultati del motore di ricerca del nostro sito. Non sempre è permanente, ma per lunghi periodi il sito non apparirà più in nessuna *SERP*.

Filtri: il nostro sito non appare in alcuni risultati di ricerca; non abbiamo subito né un *ban* né un vero e proprio declassamento da *penalizzazione,* ma le SERP filtrano il nostro sito per alcune chiavi.

Le cause che provocano questi interventi di difesa dei motori di ricerca sono molto differenti, per poter interagire nel caso con una di esse, bisogna essere in grado di saper nettamente distinguere di quale si tratta senza confondere un sito penalizzato da uno filtrato, così da poter cercare di rimediare al problema.

Proviamo ora ad approfondire alcune delle tecniche dalle quali i motori di ricerca tentano di difendersi applicando interventi restrittivi al posizionamento del sito.

7.2 Tecniche di spam

Vi sono alcune tecniche di posizionamento che i motori di ricerca invitano a non utilizzare, ma sono proprio quelle che i webmaster e *SEO* usano in modo più diffuso ed a volte massiccio. Consiglio di visitare il centro di Google per il supporto ai Webmaster che sta diventando sempre più completo:
http://www.google.com/support/webmasters/

A questo URL specifico ci sono le indicazioni su ***cosa non fare:***

http://www.google.com/support/webmasters/bin/answer.py?answer=35769

Google ad esempio, consiglia di:

- non fare *cloaking* (tecnica che permette di mostrare agli utenti un contenuto e ai motori un altro; è altamente sconsigliata);
- creare pagine naturali, finalizzate e mirate agli utenti, non ai motori;
- chiederci se ci sentiremmo in grado di spiegare le nostre tecniche di posizionamento ai nostri concorrenti. (una tecnica naturale e corretta non necessita di segreti);
- non inserire nel sito *link* a siti di spam;
- non partecipare a catene di *link* per aumentare il *PageRank*;
- non utilizzare programmi che inviano in automatico *query* a Google;
- non creare testo nascosto o *link* nascosti;
- non usare le *doorway con redirect* (pagine *manifesto* altamente ottimizzate per una singola *chiave*, che creano un rimando al sito madre allo scopo veicolare traffico mirato ad esso, spesso non pertinenti a quanto cercato; altamente sconsigliato);

- non creare pagine con *chiavi* non pertinenti ai contenuti;
- non creare contenuti duplicati;
- non avere pagine che installino virus o trojan;
- fornire solo contenuti unici e pertinenti.

Google offre anche la possibilità, una volta bannati e/o penalizzati, di rientrare nell'indice, dopo aver risolto il problema e riassettato il sito in modo corretto. Ripulito il sito è possibile richiedere qui la reinclusione: http://www.google.com/support/webmasters/bin/answer.py?answer=35843

Cerchiamo ora di approfondire alcune di queste tecniche sconsigliate e di conoscerne altre che possono influire negativamente sul posizionamento del sito.

7.3 Contenuti duplicati

I *contenuti duplicati* sono un tema molto dibattuto e possono indurre sia il ban, sia la penalizzazione, sia l'essere filtrati. Dobbiamo considerare che vi sono vari livelli per considerare un contenuto *duplicato* e ad ognuno di essi i motori di ricerca reagiscono in modi diversi.

- *Quanta percentuale di un testo è stata duplicata?*
- *Sono state copiate solo alcune frasi o testi interi?*
- *La struttura del sito è stata anch'essa duplicata?*

Il funzionamento degli algoritmi dei motori è più o meno questo:

1. l'utente effettua la query;

2. i contenuti ritenuti duplicati vengono filtrati (il sito non è ancora bannato né sotto l'effetto di una penalizzazione vera e propria);

3. quindi finiscono nei *risultati supplementari* (sono come un limbo dove finiscono varie tipologie di documenti considerate inutili o superflue).

Matt Cutts suggerisce di aumentare la *link popularity* quando il nostro sito finisce nei *risultati supplementari;*un sito che viene ritenuto interessante da altri non può stare tra i supplementari. Tuttavia, nel caso dei *contenuti duplicati*, vanno innanzitutto rielaborati i testi, rendendoli il più originali possibile. Il nostro sito potrebbe essere sottoposto anche a una penalizzazione semiautomatica, cioè che prevede sia l'uso degli algoritmi, sia l'intervento di un umano per la penalizzazione. Questo dipende dalla misura in cui il documento è duplicato, nel caso in cui un sito appaia totalmente il duplicato di un altro sito potrebbe subire anche il *ban*.

Le *penalizzazioni* e i *ban* inflitti per contenuti duplicati possono riferirsi anche a singole pagine e/o sezioni, non per forza all'intero sito. Ogni motore di ricerca si rapporta ai *contenuti duplicati* in modo differente.

Va notato ad esempio che nelle SERP di Google, quando si presentano contenuti duplicati in siti diversi, il motore predilige le pagine che presentano un *TrustRank* maggiore, spesso penalizzando le altre.

Effettuando ad esempio una ricerca su Google, Live, Yahoo! e Ask per -*Silvia, rimembri ancora quel tempo della tua vita mortale* -, (parte iniziale della nota poesia "A Silvia" di Giacomo Leopardi), possiamo notare:

GOOGLE:

restituisce 605 risultati, ma in realtà ci permette di vederne solo 250. Nelle *SERP* vengono riportati siti che presentano lo stesso risultato, ovviamente non originale trattandosi della celebre poesia, ma al quale il motore riconosce comunque una sua validità, in quanto la struttura di quei siti appare fortemente differenziata; *pagine statiche, forum, blog, social, Google Libri.* Un ottimo filtro antiduplicazione, dunque.

LIVE:

restituisce 372 risultati e li mostra tutti. Offre una prevalenza solo alle pagine statiche. Un filtro potente e rigido.

YAHOO!:

restituisce 1.210 risultati, ma in realtà ci permette di vederne solo 570. Offre anch'esso una prevalenza alle pagina statiche. Scarso filtro antiduplicazione.

ASK:

restituisce 201 risultati e li mostra tutti. Offre documenti, descrizioni e titoli tutti uguali, salvo rare eccezioni. Un filtro antiduplicazione davvero scarso, considerando soprattutto la sua lentezza nell'indicizzare nuovi documenti.

A quanto pare dunque, solo Google applica il *filtro antiduplicazione* in modo sistematico, anche per penalizzare successivamente i siti e quindi poterli poi filtrare a prescindere. Dobbiamo dunque prestare molta attenzione a non duplicare i contenuti di altri e, soprattutto a non farceli copiare.

Per controllare l'esistenza di eventuali copie sul web dei nostri contenuti, possiamo usare questo tool: http://www.copyscape.com/, oppure cercare sui motori di ricerca parti di frasi inserendole tra virgolette (" "), così da indicare al motore di mostrare tutti i risultati che contengono esattamente quella frase nel testo.

7.4 Link da e siti spam

Abbiamo visto nei capitoli scorsi cos'è il *BadRank*, cioè l'algoritmo che assegna un punteggio negativo a pagine che attraverso i link risultano "*vicine*" ai siti di *spam*. Per approfondire questo argomento vediamo assieme una breve *Case*

History effettuata sul sito www.libri-online.org.

10-02-2007:
il sito, posizionato tra le prime posizioni per chiavi interessanti, pur mantenendo testi invariati, cambia mantainer e proprietario.

12-02-2007:
Il sito perde un sacco di posizioni nei motori di ricerca per le stesse chiavi; viene aperto un thread nel Forum GT il giorno successivo per studiare il caso. Il caso appariva alquanto strano in quanto non si era mai registrata nessuna forma di penalizzazione dovuta al cambio di mantainer o di proprietario del sito e gli stessi utenti del Forum GT confermano che la penalizzazione non può essere dovuta a questi aspetti. Ipotesi decaduta.

01-03-2007:
la penalizzazione è ancora presente, sono passati 20 giorni e un'altra ipotesi comincia a farsi strada: forse la causa potrebbe essere la possibile perdita di *backlink* da altri siti con quella chiave eliminati dal vecchio proprietario non più interessato al posizionamento del sito.

Vengono allora aumenti i *backlink* diversificando in modo evidente gli *anchor text* degli stessi. Niente. Non si trova una soluzione e la penalizzazione diventa intanto pesantissima: in Google.it il sito è sempre presente con tutte le chiavi ma appare **tra la 41° e la 61° posizione**. È una sorta di limbo al quale non si trovano spiegazioni e che nei mesi successivi porta a temere che il sito stia subendo una nuova e sconosciuta forma di penalizzazione da spam o altro.

09-06-2007:

Per caso, viene scoperto che il *forum* interno del sito (creato con *PhpBB,* che nel frattempo era stato abbandonato ed usato solo per comunicazioni con gli utenti) è zeppo di *link* a siti porno, inseriti da chissà chi. Si ripulisce il tutto e si blocca ogni possibilità di nuovi inserimenti.

Ma la cosa resta comunque strana, in quanto non è frequente che una risorsa vera e valida possa essere segnata come *spam* per la saltuaria presenza di *link* a siti porno. È in effetti una situazione abbastanza diffusa questa, in quanto succede a migliaia di forum e blog di subire saltuari spam e quindi ripulire i commenti incriminati. In effetti, anche con l'eliminazione dello *spam porno* non succede nulla e la penalizzazione permane.

23-06-2007:

La cosa genera un sospetto latente che porta presto all'illuminazione: gli iscritti al forum! Difatti, dopo una sommaria verifica, appare che diversi di essi come home page nel loro profilo hanno inserito *link* a siti porno, creando così di fatto una sorta di *directory* di utenti con tanti *link* a siti esterni considerati *spam* e/o di bassa qualità dal motore di ricerca. Vengono escluse le pagine dei profili tramite il *robots.txt.*

25-06-2007:

Appena due giorni dopo il sito ritorna in prima pagina con tutte le *chiavi.*

CONCLUSIONI:

Il *BadRank* è un filtro molto, molto potente ed è davvero efficace, appare inoltre decisamente apprezzabile per la sua velocità di esecuzione e per l'alta precisione dei suoi interventi.

Dobbiamo quindi prestare molta attenzione quando linkiamo un sito; Google, e sicuramente molto presto anche gli altri motori di ricerca, daranno un peso sempre maggiore ai siti che linkiamo e di conseguenza al nostro sito.

Inoltre, controlliamo sempre attentamente la situazione dei *link* che riceviamo, che puntano alla nostra risorsa. Appare tuttora improbabile essere penalizzati per eventuali link spazzatura che chiunque potrebbe inserire al solo fine di penalizzarci, perché altrimenti diverrebbe troppo facile per chiunque penalizzare un sito valido. Ma non è impossibile.

Tuttavia, se il nostro sito riceve *backlink* di buona qualità, in modo costante e da siti in *TrustRank*, sarebbe molto improbabile subire una penalizzazione per colpa di altri.

7.5 Il Server

Abbiamo visto come gli stessi motori di ricerca ci indichino quali fattori possono incidere negativamente sul posizionamento dei nostri siti, come i *contenuti duplicati* e la vicinanza i siti *spam*.

Un altro fattore da tenere in considerazione è il tempo di risposta del nostro *server* e la percentuale di tempo che esso possa apparire *down* (sito non raggiungibile) impedendo così ai motori di arrivare al nostro sito. Questo fattore può portare alla de-indicizzazione del sito web.

È importante quindi accertarsi del livello qualitativo del *server* che utilizziamo e del suo settaggio, che sia tale da consentirgli di rispondere a più richieste contemporaneamente, ridurre i tempi di risposta e offrire una percentuale di *down* vicina a zero. Questi sono aspetti che potremo richiedere specificatamente a chi lo gestisce, dando indicazioni precise dopo aver studiato e compreso questo argomento.

Riporto qui un link a un vecchio ma ancora valido approfondimento sull'argomento, che permetterà di meglio comprendere e valutare le caratteristiche più adeguate al vostro sito: http://www.motoricerca.info/articoli/scelta-host.phtml

7.6 Alcune penalizzazioni

Una non brillante posizione del nostro sito nelle *SERP* dei motori di ricerca è data dalla sua generale ottimizzazione e popolarità o invece può essere un risultato influenzato da qualche penalizzazione?

Per individuare se il nostro sito di *viaggi* è penalizzato, abbiamo tre step da effettuare:

1. Andiamo su Google e digitiamo: *site: sitoviaggi.it*. Grazie al comando *site:* dovrebbero uscire tutte le pagine del nostro sito indicizzate su quel motore di ricerca. Nel caso in cui non ci fossero risultati, molto probabilmente può voler dire che il sito sta subendo l'effetto del *ban*.

2. Andiamo su Google e digitiamo il *nome del sito* o il nostro brand *sitoviaggi*. Se in precedenza le nostre posizioni per questa ricerca fossero risultate buone, ed invece in quel momento il nostro sito non appare, significa che il sito sta subendo l'effetto di una penalizzazione, anche se probabilmente lieve.

3. Andiamo su Google e digitiamo una frase lunga composta da 4-5 chiavi che sappiamo essere presenti nel <title> della nostra pagina. Se in precedenza le posizioni del nostro sito per questa ricerca fossero risultate buone, ed invece in quel momento il nostro sito non appare, significa che il sito sta subendo l'effetto di una penalizzazione, ma in questo caso grave.

In tutti i casi il consiglio è di controllare nel Webmaster Central Tools di Google (http://www.google.com/webmasters/tools/ che vedremo presto nella parte finale del libro) per comprendere cos'è che non va nel nostro sito; una volta capito e risolto il problema, dovremo richiedere la reinclusione per essere riammessi nell'indice.

Nella community SEO, sono diventate famose alcune forme di penalizzazione chiamate *Google Penalty -950* e *Google Penalty -30,* oltre ad un'ultima molto recente, definita *Google Penalty #6.* È molto frequente nella comunità SEO l'individuazione di novità relative ai motori di ricerca e per questo è sempre molto importante restare aggiornati. Vediamo intanto gli aspetti particolari di queste 3 penalità.

GOOGLE PENALTY -950:

le pagine affette da questa penalità, vengono estromesse dalle

SERP raggiungendo le ultime posizioni. In questo caso non viene punito tutto il sito ma solo le pagine che il motore non ha apprezzato. Le cause possono essere la *sovra-ottimizzazione* del sito (cioè quando si esagera con il voler inserire *chiavi* in ogni punto della pagina, anche in modo ripetuto), la presenza di contenuto considerato *duplicato* o il farsi *linkare* in modo massiccio da siti di bassa o dubbia qualità.

GOOGLE PENALTY -30:

questa penalizzazione affligge tutte le pagine del sito, un po' come abbiamo visto nella *Case History* sul *BadRank.* Tutte le pagine del sito vengono relegate oltre la posizione 30 delle *SERP.* Sul Forum di GiorgioTave abbiamo una *Case History* che per oltre 2 mesi ha trattato questo argomento e dove, grazie al contributo di tutti gli utenti, siamo riusciti a far uscire da questa penalizzazione un sito importante:

http://www.giorgiotave.it/forum/seo-focus/19976-google-penalty-30-a.html

GOOGLE PENALTY #6:

è l'ultima arrivata in termini di tempo. Questa penalità sposta siti, di solito saldamente posizionati in testa alle *SERP,* dai primi posti al sesto posto, comunemente considerato uno dei meno cliccati della prima pagina e quindi visitati dagli utenti. Matt Cutts ha affermato che questo tipo di penalizzazione appare per ora attiva solo su alcuni specifici *IP* di Google ma che presto sarà applicata in ogni *datacenter*[23]. A questo indirizzo è possibile consultare una *Case History* in inglese su questa tematica: http://www.seobook.com/how-i-got-my-google-ranking-6-filter-removed

In ultima analisi è dunque bene tenersi sempre informati su questi argomenti e cercare di creare siti per gli utenti, evitando accuratamente tecniche troppo spinte ed ottimizzazioni esasperate. Scrivere ottimi articoli e testi e ricevere link a tema è attualmente la tecnica migliore in circolazione.

8.
Caratteristiche specifiche dei motori

8.1 I Motori di ricerca rispondono agli utenti

I motori di ricerca hanno come primo obiettivo quello di evitare di far ridere gli utenti quando effettuano le loro *query*, presentando risultati completamente fuori da ogni logica. Il loro compito è cercare di fornire risposte quanto più vicine possibile a quanto gli utenti cercano. Il loro compito quindi non è penalizzare il nostro sito perché non gli stiamo simpatici.

L'utente è al centro del sistema e in modo costante è possibile constatare i miglioramenti sia nella qualità delle risposte fornite, sia nella forma che queste risposte vengono presentate.

Google ad esempio, quando si effettua una query, cerca di mostrare vari tipi di documenti (*news, blog, pdf, video, mappe* ecc) al fine di offrire all'utente una risposta più ampia, variegata e completa.

Tutti i motori di ricerca inoltre, utilizzano alcune *features* (ne vedremo presto alcune) per poter offrire risposte di migliore qualità all'utente e meglio rispondenti alla sua domanda. Ad esempio sono in grado di mostrare gli andamenti della borsa, le mappe, informazioni sportive (in occasioni particolari offrendo i risultati in tempo reale), l'oroscopo e via dicendo.

È importante, al fine di realizzare sempre meglio i nostri siti, che si comprenda questo aspetto; i motori di ricerca si migliorano sempre più al solo fine di rispondere meglio agli utenti. Assimilando profondamente questo concetto, ci sarà d'aiuto per comprendere al meglio alcune delle loro tante operazioni.

Ora quindi andiamo ad affrontare le caratteristiche singole dei motori di ricerca, parlando per alcuni di *Ottimizzazione*, per altri di *Brevetti*.

8.2 L'espansione della query

Solo per fare un esempio, vediamo un attimo una tecnica che i motori di ricerca usano sistematicamente per meglio servire l'utente: l'*espansione della query*.

L'espansione della query di un motore di ricerca avviene al fine di raffinare la richiesta dell'utente.

Quando un utente effettua una richiesta, per il motore diviene indispensabile conoscere esattamente cosa realmente l'utente sta cercando e quindi fornirgli una risposta il più coerente possibile. Per raffinare una ricerca, i motori aggiungono quindi dei termini a quelli inseriti dall'utente usando i *Thesauri* (collezioni di sinonimi e parole con significati simili).

Studiando la teoria dell'*Information Retrieval* (recupero di informazioni), possiamo vedere che due termini sono considerati tanto più simili quanto risultano più presenti negli stessi documenti di un *database*, e due documenti vengono ritenuti simili quando contengono gli stessi termini. Questo *database* di termini può essere inoltre raffinato andando a definire una lista di *Stop Words* (parole da non calcolare) scartando articoli, pronomi ecc.

Google è uno di quei motori di ricerca che *espande le query* e che usa termini sinonimi per raffinare le proprie ricerche. Facciamo una prova, cerchiamo su Google: **~computer**

Il simbolo ~ è definito *Tilde* (in matematica indica un termine approssimativo).

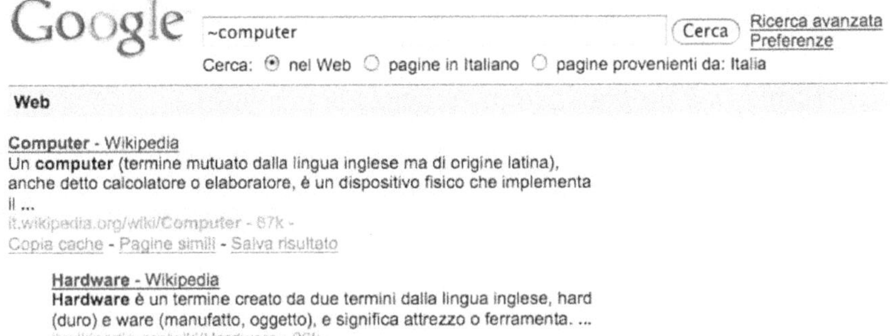

Come possiamo vedere, Google evidenzia nella sua risposta anche la parola *Hardware*.

Ora, usando il simbolo "-" che in Google significa *escludere un termine*, cerchiamo la chiave: **~computer –hardware.**

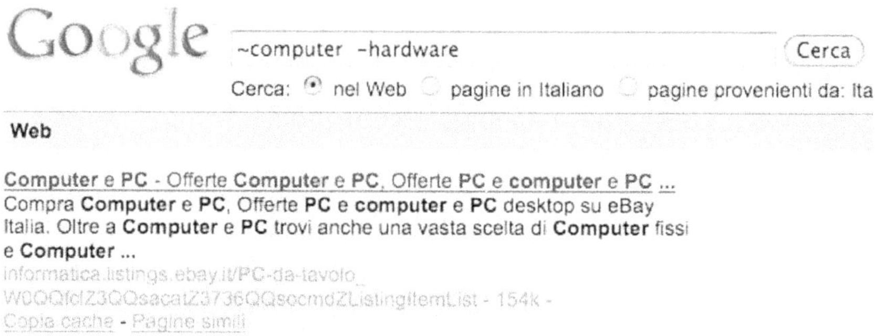

Google ~computer -hardware Cerca

Cerca: nel Web pagine in Italiano pagine provenienti da: Ita

Web

Computer e PC - Offerte Computer e PC, Offerte PC e computer e PC ...
Compra **Computer** e **PC**, Offerte **PC** e **computer** e **PC** desktop su eBay Italia. Oltre a **Computer** e **PC** trovi anche una vasta scelta di **Computer** fissi e **Computer** ...
informatica.listings.ebay.it/PC-da-tavolo_W0QQfclZ3QQsacatZ3736QQsocmdZListingItemList - 154k -
Copia cache - Pagine simili

Google ci mostrerà tutti i termini correlati a *computer*, meno *hard-ware,* ma proponendo in evidenza la parola *PC.*

Cercando quindi: **~computer -hardware –pc** escluderemo anche la parola *pc.*

Possiamo proseguire ad oltranza, scoprendo così la profondità dell'espansione della nostra domanda effettuata dal motore, offrendoci termini sinonimi o strettamente correlati.

Va precisato però che in questo caso siamo noi utenti che espandiamo la query, le chiavi che invece Google usa realmente non le sapremo mai.

Questa ricerca ci aiuterà solo ad avere una maggiore comprensione di uno strumento che i motori di ricerca usano nel fornire le loro risposte.

Qui di seguito, mettiamo le combinazioni da tastiera per ottenere la *Tilde* (~)

Windows: *ALT+126* ~
Portatile Windows: *ALT+Fn+126* ~
Mac: *ALT + 5* ~
Linux: *ALT gr + ì* ~

8.3 Google

Google oggi è il motore di ricerca più usato in Italia (a volte porta oltre il 90% degli accessi per un sito). Questo è uno dei motivi che ha spinto tantissime persone a studiarlo in modo assiduo trascurando molte volte lo studio verso altri motori di ricerca.

Molti capitoli di questo libro per questa ragione hanno già approfondito parecchi argomenti relativi a Google, come il *Pagerank*, il *Trustrank*, le *penalizzazioni* ecc. Andiamo ora a valutare soffermandoci su alcune particolari *Features* di Google, come i *Quality Rater*, e alcuni *algoritmi*.

8.4 Google Features (Mappe, News, ecc)

Le *Features di ricerca* non sono altro che una risposta più profonda che i motori offrono andando oltre la presentazione dei soliti 10 classici siti per ogni pagina di *SERP,* ma fornendo informazioni più specifiche e mirate, capaci di mettere in evidenza aspetti particolari ed evidenziandoli in vari modi.

Da molto tempo i motori presentano queste particolari informazioni nelle posizioni subito precedenti il primo sito che viene mostrato per una query.

Vediamo un esempio di *Features* per le **immagini**. In questo caso cercando la chiave *Krabi*, nota località turistica Thailandese, Google ci mostra subito in prima posizione le tre immagini che ritiene più rilevanti:

Google in questi anni ci ha mostrato diverse forme di *features*, presentando ad esempio gli orari a chi richiedeva informazioni per viaggi in treno, i listini della borsa valori per domande sulla finanza o le mappe delle aree geografiche interessate in occasione dei mondiali di calcio.

Ma una grossa novità l'ha portata nel maggio del 2007con *Google Universal Search*, che non solo ha iniziato a presentare contemporaneamente nelle *SERP* documenti informativi di diverso tipo come *Video, News e Mappe*, proponendoli non più esclusivamente nella prima posizione, ma inserendoli in modo diluito e naturale all'interno dei risultati di ricerca mostrati per una query.

Ecco ad esempio un'immagine della ricerca *Ronaldo* che mostra come Google differenzia una *news* da un *video* (da *YouTube*) assegnando ad essi differenti posizioni nella *SERP*:

Risultati da Google News su **ronaldo**

Eurosport

Berlusconi: **Ronaldo** resterà con noi - 4 mar 2008
MILANO (4 marzo) - Berlusconi è certo che **Ronaldo** non si muoverà. «Penso che **Ronaldo** resterà con noi e, se lui vorrà, potrà essere ancora protagonista. ...
Il Messaggero - 17 articoli correlati »
Champions: **Ronaldo** porta il Man Utd ai quarti - DataSport.it - 5 articoli correlati »

A.C. Milan - **Ronaldo**
Ronaldo. Numero:99; Ruolo:Attaccante; Data di nascita:22/09/1976; Luogo di nascita:Rio de Janeiro , Brasile; Altezza:183 cm; Peso:90 kg ...
www.acmilan.com/LM_Actor.aspx?idPersona=1891&name= %20Ronaldo - 57k - Copia cache - Pagine simili - Salva risultato

YouTube - **Ronaldo**
gracias **ronaldo** por disfrutar kon tigo esta ultima decada ...
3 min 38 sec - ★★★★★
www.youtube.com/watch?v=X2NHqSXftzU

A volte è possibile accedere ai video cliccandoli e visionandoli direttamente nelle *SERP*. Nel campo del turismo sta diventando sempre più dibattuta tra gli operatori di web marketing turistico, la *Features* che mostra in prima posizione, al fianco di una mappa 10 risultati locali, (in questo caso alberghi), come risposta a una query specifica, saltando portali e agenzie:

Anche su questo argomento dovremo sempre tenerci aggiornati perché le novità nelle *Features* non cesseranno di arrivare ed influenzeranno il modo degli utenti di rapportarci alla rete.

8.5 I Quality Rater

Google ha introdotto i *Quality Rater* al fine di ottenere analisi delle proprie *SERP*; facendole "votare" direttamente da umani può avere le condizioni di intervenire con azioni fortemente mirate e migliorative.

I *Quality Rater* sono una figura professionale adottata da *Google* nel 2004 per fornire dati utili a migliorare le *SERP* e l'algoritmo del motore di ricerca di Mountain View.

Queste informazioni le abbiamo ottenute direttamente da un ex *Quality Rater* di Google che ringraziamo. Trattando ora questo argomento non andremo a svelare trucchi o altro, ma cercheremo di fornire informazioni al fine di fare chiarezza su di un argomento poco conosciuto e non lasciare dubbi o disinformazione. I *Quality Rater* coprono un importante ruolo d'analisi, ma di fatto forniscono solo informazioni di base a Google.

Non hanno potere decisionale e soprattutto sono collocati come posizione nella parte inferiore della piramide decisionale, il primo e più basso gradino umano che valuta le *SERP* di Google.

Cosa valutano:

I *Quality Rater* valutano i siti e le *SERP* di *Google.* Ci sono vari progetti cui partecipano; i più comuni sono la valutazione di singole pagine di un sito per una determinata *query* o la valutazione di intere *SERP* (da 5 a 10 risultati) per una determinata *query*.

I *Quality Rater* come detto non hanno potere decisionale, quindi non saranno mai loro, né il loro moderatore di progetto a bannare, rimuovere o penalizzare un sito o le sue pagine.

Come detto i *Quality Rater* sono solo dei "ricercatori" che forniscono dei dati e dei suggerimenti a Google sulla qualità delle *SERP*. Le linee guida dei *Quality Rater* contengono diversi fattori che essi sono tenuti a valutare e seguire, i principali riguardano:

- la comprensione della *query* (la tipologia, e l'intenzionalità dell'utente);
- la valutazione della pagina in base alla sua rilevanza per la *query*, e l'utilità per l'utente;
- l'individuazione di tecniche non valide (*SPAM*).

Cosa non valutano:

Ai *Quality Rater* non è richiesto di valutare:

- **Le altre pagine del sito non connesse alla *query*.** Quasi tutti i progetti sono focalizzati sulla valutazione di una pagina e dei *link* che essa fornisce; altre pagine dello stesso sito non sono valutate ai fini del rating da assegnare. È possibile per il *Quality Rater* valutare negativamente una pagina di un sito e suggerire a *Google* una pagina migliore dello stesso, ma siamo nell'ordine dei suggerimenti.

- **La grafica**. Tendenzialmente il lavoro svolto dai *Quality Rater* viene applicato valutando la pagina di *cache*[24] di Google delle pagine da analizzare, e quindi l'aspetto grafico non è mai stato preso in considerazione per la valutazione di un sito.

Fattori positivi per i *Quality Rater:*
Non esistono trucchi o segreti per essere valutati positivamente dai *Quality Rater*, si tratta semplicemente di realizzare siti pensando al target d'utenza e ai suoi bisogni.

Un consiglio potrebbe essere quello di strutturare il proprio sito e realizzare le proprie pagine come tante *landing pages*[25].

Questo perché il motore di ricerca invia gli utenti che hanno espresso una richiesta direttamente ai siti che presenta nelle *SERP;* questi utenti sono quindi catapultati a pagine di siti che molto probabilmente vedono per la prima volta.

Al fine di consentire agli utenti di poter comprendere immediatamente di cosa tratta il sito e che argomenti potranno trovarvi, ogni *pagina d'atterraggio* dovrebbe dunque offrire loro (esempio generico):

- indicazioni chiare sul tema generale del sito;
- contenuti rilevanti per la query fatta dall'utente;
- link utili verso pagine o siti correlati.

Fattori negativi per i *Quality Rater*:

Semplicemente tutto ciò che non è mirato ai bisogni dell'utente, e che spesso viene realizzato al solo scopo di trarne un guadagno (economico e/o di posizionamento). Una pagina povera di contenuti o con contenuti duplicati, una pagina che reindirizza in maniera maliziosa verso altre pagine o siti, una pagina con contenuti ripetuti o autogenerati ricca di *PPC ads*[26] o *banner* non a tema, una pagina *off-topic* offensiva per l'utente, una pagina che tenta di installare *malware*[27], o che modifica le impostazioni del *browser*, o lo blocca.

Sfatiamo dei miti:

- Una pagina con contenuti originali (anche se pochi e non utili per l'utente) e annunci *PPC* non è considerata *SPAM.*
- Testi "di servizio o di navigazione" nascosti via *CSS* o *Javascript*[28], non sono considerati *SPAM.*
- Testi corposi (originali e naturali) spezzati parzialmente via CSS o *Javascript* ma richiamabili in maniera evidente non sono considerati *SPAM.*
- L'output *RDF*[29] di *DMOZ* + annunci in *PPC* **è** considerato *SPAM;* senza *PPC* **non è** considerato *SPAM* ma è comunque ritenuto poco rilevante, tranne casi in cui sia arricchito di informazioni importanti.
- I *Quality Rater* non recensiscono siti a piacere (tranne per alcuni progetti in cui è possibile suggerirli)
- Mettere un numero non naturale di *key* in posizioni non immediatamente visibili all'utente, o con tecniche di scorrimento, è suscettibile di essere valutato *SPAM.*

Per esperienza, nel 90% dei casi è stato valutato SPAM, in rari casi sono risultati non penalizzati ma comunque valutati non positivamente.

8.6 Dati Storici

In questa parte del libro ci occupiamo di alcuni brevetti di Google che ci aiuteranno a capire meglio il motore di ricerca. L'argomento però appare vastissimo e non ci consente in queste pagine di approfondirlo in modo adeguato. Valuteremo assieme solo brevi accenni che ne descrivano il funzionamento di massima, rimandando poi ad approfondimenti specifici presenti in rete via link.

Tre anni fa iniziammo a tradurre un brevetto di un motore chiamato *motore di ricerca 125* e possiamo vederne lo studio in questo topic: http://www.giorgiotave.it/forum/seo-focus/584-definizione-dei-brevetti-di-google-al-31-03-05-a.html

Alcuni aspetti di questo brevetto appaiono tuttora di forte interesse, anche se quando tre anni fa sviluppammo quello studio, apparivano già datati. Vediamoli assieme in modo solo sommario.

a) La data iniziale

La *data iniziale* di un documento è utile al motore di ricerca per effettuare le statistiche sul documento stesso. Conoscendo quando un documento è nato, è possibile ad esempio capire perfettamente l'andamento della crescita dei *backlink* che riceve.

b) Aggiornamento dei contenuti

L'aggiornamento dei contenuti viene valutato anche in relazione alla quantità dei contenuti che vengono aggiornati. A questi documenti possono essere assegnati punteggi diversi a seconda della frequenza di aggiornamento ed alla quantità di documenti aggiornati.

c) Analisi delle ricerche

Ovvero l'assegnazione di differenti punteggi a documenti che vengono selezionati più o meno spesso dagli utenti in una data query. Il motore ha le condizioni per comprendere, in una determinata ricerca, quanto gli utenti preferiscono i documenti recenti rispetto a quelli più datati.

d) Analisi dei link

Ogni singolo *link* può essere differentemente valutato a seconda che cambi il sito che si linka, l'*anchor text* che si usa, o comunque il contesto descrittivo nel quale è posizionato il *link*. Inoltre, per ogni documento possono essere calcolati vari fattori legati anche al tempo, tra cui la crescita più o meno costante dei *link* o da quando ad esempio un *link* al documento A è presente nel documento B.

e) Testo nei link (*anchor text*)

Il motore di ricerca può generare un differente punteggio valutativo in base alla eventuale variazione dell'*anchor text.*

f) Traffico

Il motore di ricerca può generare un punteggio a seconda dell'intensità del traffico di visite che un sito riceve ed alla sua variazione nel tempo.

g) Comportamento degli utenti

Il motore di ricerca può generare un punteggio a seconda del comportamento degli utenti nei confronti del documento nel tempo; l'utenza può variare l'interesse in un documento nel tempo sia perché viene o meno aggiornato, sia perché esso diviene di maggiore attualità per eventi naturali, indipendentemente dall'eventuale aggiornamento.

8.7 Google Phraserank

Google Phraserank è un brevetto risalente al 2006. Sfrutta le ***frasi*** per indicizzare, raccogliere, organizzare e descrivere i documenti, non più le singole *chiavi.* Ecco un thread che sviluppa il concetto nel Forum GT: http://www.giorgiotave.it/forum/seo-focus/27025-brevetti-google-google-phraserank.html

Grazie a questo brevetto, per il motore di ricerca è possibile individuare e distinguere, in modo molto semplice e sicuro, testi creati in modo artificiale da altri realizzati con metodi naturali e reali, e premiare quindi questi ultimi.

Grazie a questo algoritmo è possibile per il motore analizzare frasi specifiche; il brevetto gli consente di valutare la prossimità e la correlazione del testo in cui una frase è inserita. In prossimità di una frase come *voli a Roma,* l'algoritmo si aspetta che vi siano altre frasi attinenti, come ad esempio *Aeroporto Fiumicino.* Se nell'analisi dovesse incorrere in diverse frasi ripetute o con significato privo di correlazione, molto probabilmente considererà la pagina creata in modo artificiale e priva di valore informativo.

8.8 Google Web History

Con l'installazione generalizzata della *google toolbar*, il motore consente all'utente di accedere allo storico delle proprie ricerche effettuate in un dato periodo e ricercare per rivisitare pagine che ha ricordato come particolarmente interessanti. Google raccoglie ognuno di questi dati, ed ha così raggiunto l'obiettivo di poter valutare in tempo reale dati validi ed esatti sull'interesse dell'utenza per i documenti che realmente gli utenti visitano, quante volte, per quanto tempo, ecc., ottenendo così le condizioni per modificare in modo ottimale le stesse *SERP*, e presentando agli utenti risultati sempre più mirati e personalizzati.

Ecco il thread dove è dibattuto l'argomento sul Forum GT:
http://www.giorgiotave.it/forum/seo-focus/36971-google-web-history-e-il-futuro-delle-SERP.html

Con questo capitolo chiudiamo il discorso dedicato prettamente a Google e andiamo a specificare meglio alcune caratteristiche di altri motori di ricerca.

8.9 Yahoo!

Uno degli aspetti critici più rilevanti ed evidenti in *Yahoo*! è la sua lentezza negli aggiornamenti, sia dei suoi database che dei suoi *spider*. Nel tentativo di ottimizzare un sito puntando a particolari *SERP* di *Yahoo!,* a volte può succedere di lavorare per giorni e giorni senza ottenere nessun risultato apprezzabile.

Per velocizzare tutti i processi di posizionamento su *Yahoo!* come abbiamo accennato è importante utilizzare i canali stessi che *Yahoo!* offre, fruendo dei vari servizi che il motore mette a disposizione dei suoi utenti. Il concetto è quello antico: se *Yahoo*! non viene da noi, noi andiamo da *Yahoo!*.

Questo lo possiamo fare cercando di inserire i nostri siti nella *Yahoo! Directory*, usando i servizi di http://del.icio.us/ e di http://www.flickr.com/, oppure l'area video del motore: (http://it.video.yahoo.com/) o anche *Yahoo! Answer:*

(http://it.answers.yahoo.com/).

Questo perché appare fortemente credibile che il motore di ricerca, al fine di risparmiare risorse e anche per motivi di marketing, cerchi di dare spazio e considerazione alle informazioni presenti nei propri servizi. Non scartiamo neppure l'ipotesi di usare questi ulteriori servizi; http://profiles.yahoo.com/, http://it.groups.yahoo.com/ e http://360.yahoo.com/.

8.10 Features di Yahoo!

Vediamo ora in modo molto veloce alcune *features* di Yahoo!. Quella che vediamo di seguito è una *features* molto interessante. Oltre a fornirci delle ricerche a tema (*comune di Roma, Banca di Roma*) ci permette di affinare la ricerca selezionando ad esempio *parcheggi o aziende.*

Ci permette quindi di interagire immediatamente con l'argomento che stiamo cercando, migliorando e raffinando la nostra ricerca. In questo modo, effettuando query generali come *roma, casa, animali*, ci renderemo conto che sarà indispensabile fornire ulteriori indicazioni al motore di ricerca per permettergli di fornirci risultati accettabili.

Una delle *features* più vecchie di Yahoo! è l'oroscopo del giorno; cercando il segno zodiacale, Yahoo! ci restituisce direttamente l'oroscopo.

Vediamo adesso invece una *features finanziaria*. Come abbiamo avuto modo di vedere, le *features* spaziano in modo ampio e trasversale coinvolgendo molteplici e differenti argomenti, e in costante aggiornamento.

È dunque sempre importante seguirne i vari sviluppi.

8.11 Windows Live

Nella parte dedicata alla **popolarità** abbiamo visto come *Windows Live* ritenga valida per il calcolo della stessa la **quantità** dei *backlink* in entrata del nostro sito; prettamente dunque un *fattore esterno*.

Vediamo ora di analizzare i *fattori interni* perché, a differenza degli altri motori, per *Windows Live* essi rivestono ancora un ruolo fondamentale. Tra i *fattori interni* che influenzano più di tutti il posizionamento in *Windows Live* abbiamo:

- **la *chiave* nel nome del dominio o nell'*URL*.**

  Sino a qualche anno fa questo fattore era molto importante, specialmente se la chiave era ripetuta nel *Title*, ora è tenuto meno in considerazione.

- **la *chiave* nel *Title*.**

  La chiave nel *tag Title* è il fattore interno più importante anche per Windows Live.

- **ottimizzazione semplice (chiave nel body, nell'H1, in bold, ecc.)**

  Windows Live tende a riconoscere ancora una certa importanza alla presenza di chiavi enfatizzate in qualche maniera nel body, nell'H1, in bold, ecc., in questo caso è dunque ancora importante prestare attenzione alla semplice e tradizionale ottimizzazione dei testi.

Va evidenziato però che anche Window Live, come da tempo tutti i motori di ricerca, si sta muovendo nella direzione di

dare sempre meno importanza a questi fattori, in quanto manipolabili dagli autori e per questo privi di reale affidabilità. Il consiglio è sempre di usare il buon senso, anche in questo caso.

Va evidenziato che anche Windows Live ha adottato qualche tempo fa un sistema d'analisi *umano* fornito da propri *Quality Rater* (descritti per Google al punto **8.5**) che utilizza per la valutazione dei siti e la raffinazione dei risultati. Questo ci fa capire come anche questo motore di ricerca sia in continuo sviluppo e creda nel proprio progetto.

Ultimamente ha pubblicato a questo indirizzo una versione *Beta* degli strumenti per i Webmaster, per ora solo in inglese: http://webmaster.live.com/

8.12 Ask

Ask attualmente è un motore di ricerca seguito da un numero decisamente contenuto di utenti, non certo paragonabile a quello degli altri motori, ma presenta delle *SERP* di rilevante qualità e servizi decisamente interessanti. Dal 2001 adotta una tecnologa chiamata *Teoma* (l'algoritmo poi chiamato *ExpertRank*) che assegna il passaggio di popolarità solo tra siti dello stesso tema partendo dagli *Hub*[30].

Dal 2007 è stato integrato dall'algoritmo *Edison* che, mantenendo le informazioni sull'esperienza dei propri utenti nel motore di ricerca, le estrapola influenzando il *ranking* e puntando a premiare quei siti che appaiono costruiti per gli utenti.

Una delle caratteristiche più interessanti di *Ask* è che molte volte riesce a restituire direttamente i siti ad esempio degli *Hotel* quando cerchiamo *Hotel + Località*, filtrando agilmente in qualche modo i vari portali e agenzie, come invece faticano a mostrare tutti gli altri motori di ricerca.

8.13 Features di Ask e altri servizi

Le *features* di Ask sono basate sul principio di offrire all'utente una risposta dettagliata in modo che possa essere approfondita.

Cercando ad esempio *Juventus* ci apparirà il logo, le informazioni societarie e altri link di approfondimento:

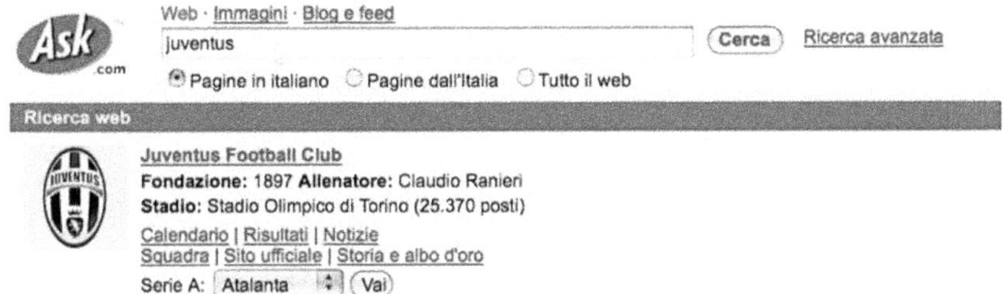

Cercando *Roberto Baggio* vediamo ad esempio questo risultato:

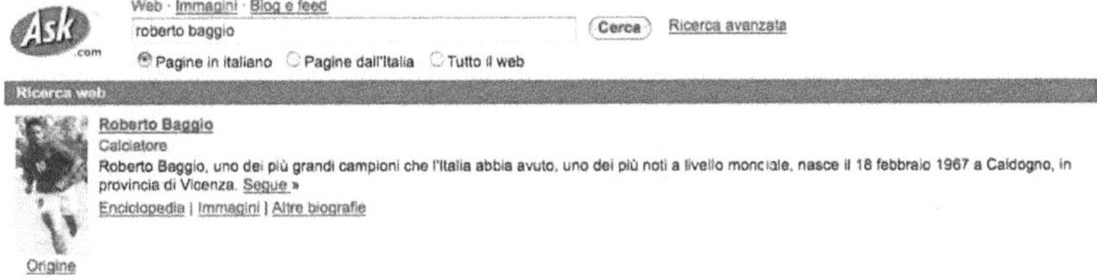

Le *features* offerte sono parecchie, ad esempio esiste anche un convertitore di moneta aggiornato ogni 30 minuti:

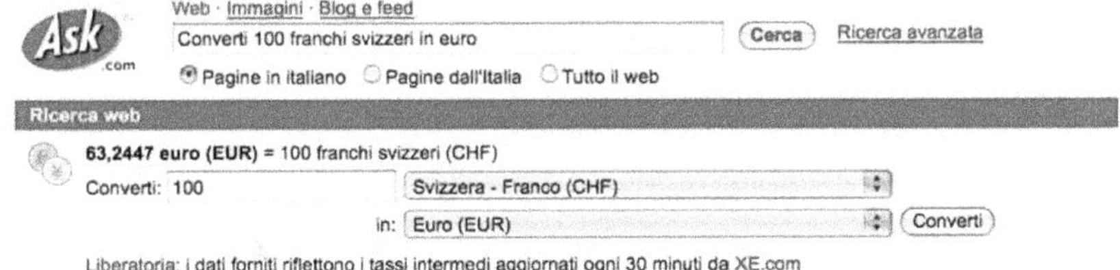

Tra i servizi di Ask sono da segnalare *Feed* e *Blog* e *Big News*.

ASK FEED E BLOG:

http://it.ask.com/?tool=bls

È il motore di ricerca dedicato ai Blog che permette di visualizzare il feed direttamente nelle *SERP*. L'aggiornamento è velocissimo.

ASK BIG NEWS:

http://news.ask.com/news

Ultimo progetto in casa Ask (parte del progetto è stata sviluppata a Pisa grazie al coordinamento di Antonio Gulli) è un aggregatore di news che per ogni notizia sul web aggrega *blog*, fonti tradizionali, foto, video e *social network,* tracciando il tutto e mostrando l'insieme possibile dei documenti del web correlati alla news.

8.14 Pagine Gialle Visual

Pagine Gialle Visuale merita senz'altro una citazione; http://visual.paginegialle.it/. Presenta un sistema di ricerca collegato al territorio italiano molto interessante e avanzato. Oltre a offrire mappe dettagliate, la visuale *3d e on the road*, telecamere che permettono di visualizzare aree critiche in tempo reale, il meteo e info sul traffico, presenta anche una ricerca molto specifiche delle strutture ricettive.

Gli hotel e le strutture alberghiere o di ristorazione in genere, sono abilitate a caricare video promozionali per presentare la propria struttura, i servizi e le camere.

Nel prossimo futuro i motori di ricerca diventeranno sempre più specifici nel rispondere alle richieste degli utenti e stanno già apparendo motori settoriali dove proporre i nostri siti e promuovere le nostre attività in aree mirate ed attinenti.

Pagine Gialle Visual è una di queste realtà, ed è italiana.

8.15 Indicizzazione & Sitemaps

Ed eccoci all'ultimo capitolo di questo libro. Avremmo dovuto trattare prima questo argomento, ma probabilmente non saremmo riusciti a comprenderlo in modo adeguato. Ora invece, abbiamo una vasta panoramica sul funzionamento dei motori di ricerca e quindi questo argomento ci apparirà meno ostico e meglio comprensibile. Siamo dunque pronti a recepirlo nel migliore dei modi.

Cosa sono le Sitemaps?

Dal sito ufficiale del protocollo *Sitemaps*: http://www.sitemaps.org/it/

Le *Sitemaps* consentono ai webmaster di indicare in via preferenziale ai motori di ricerca le pagine dei loro siti disponibili per la scansione.

Nella sua forma più semplice, una *Sitemap* è un file *XML* contenente gli *URL* di un sito insieme ai rispettivi *metadati* aggiuntivi (data dell'ultimo aggiornamento, frequenza tipica delle modifiche, importanza rispetto agli altri *URL* del sito) che consente ai motori di ricerca di eseguire la scansione del sito in modo più efficiente e veloce.

Grazie all'accordo tra vari motori di ricerca, il protocollo *Sitemaps* è diventato standard e ciò significa che non dovremmo più impazzire per creare tanti file diversi con diverse caratteristiche per ogni motore di ricerca, come era richiesto fino a tempo fa.

I vantaggi di avere un'unica *Sitemap* sono notevoli perché grazie a questa possiamo comunicare direttamente con i vari motori di ricerca presentandogli tutte le pagine del nostro sito e le informazioni su di esse, e creando una forma di aggiornamento costante. Inoltre, grazie a questo rapporto diretto e costante, alcuni motori di ricerca come Google, offrono strumenti e tools che forniscono consigli e suggerimenti finalizzati ad alzare il livello qualitativo delle nostre pagine.

Nella sezione del Forum GT sul *Protocollo Sitempas*; http://www.giorgiotave.it/forum/protocollo-sitemaps/ è possibile prendere visione di un'ampia gamma di teorie ed indicazioni, tools, news e approfondimenti sull'argomento.

9.
Conclusioni

Mi sarebbe piaciuto in questo libro riuscire a illustrare tanti altri concetti, approfondire l'argomento Blog, parlare del posizionamento delle immagini, trattare i *sitelinks* di Google e tantissimi altri argomenti correlati al più usato motore di ricerca, fare poi chiarezza sull'uso di *Flash*, sulla funzione delle *Doorway*[31] e sui loro rischi e sul *Cloaking*[32], per poi arrivare ad approfondire i concetti di *Tags* e *Trackback*, senza tralasciare l'importanza dell'ottimizzare i *CMS* come *Wordpress, vBulletin, PhpBB, Joomla!, Mambo, Mediawiki, Drupal, OsCommerce, Php-Nuke* ecc. ecc.

Per non parlare dei differenti tipi e livelli di ***contenuti*** che, in base ai differenti argomenti, ogni fascia di utenza si aspetta di leggere arrivando in un sito.

Gli aspetti da tenere in considerazione per realizzare e

posizionare un sito nel migliore dei modi che non sono stati qui trattati sono davvero tanti; essi vanno ampiamente oltre gli esigui spazi concessi da questo libro, ma che faremo tutto il possibile per trattare e approfondire nei prossimi libri.

È intanto indispensabile che si tengano aggiornati questi concetti, accedendo dal Forum GT alle pagine d'aggiornamento di questo e altri libri, chiedendo consigli specifici nei vari topic per il proprio lavoro e, non ultimo, informandosi sugli ***Eventi Formativi*** in calendario in tutta Italia (GT Study Days), in modo da poter partecipare di persona e approfondire dal vivo queste tematiche.

Glossario

1. **URL:** acronimo di Uniform Resource Locator, è una sequenza di caratteri che identifica univocamente l'indirizzo di una risorsa in Internet, come un documento o un'immagine. Ad esempio, www.giorgiotave.it è l'URL del mio sito.
2. **Query:** il termine query, per quanto riguarda i motori di ricerca, viene utilizzato per indicare l'interrogazione del loro database al fine di ottenere le informazioni presenti.
3. **Algoritmi:** sequenza logica di istruzioni elementari (univocamente interpretabili) che, eseguite in un ordine stabilito, permettono la soluzione di un problema in un numero finito di passi
4. **SERP:** acronimo di Search Engine Report Page, indica l'elenco nel quale un dato motore di ricerca mostra i risultati di una ricerca effettuata.
5. **SEO:** acronimo di Search Engine Optimization, in inglese è l'ottimizzazione dei motori di ricerca.

6. **Server:** di solito, quando questo termine viene usato nell'ambito dei motori di ricerca, identifica un computer contenente il sito web.
7. **Log:** registrazione cronologica delle operazioni che vengono effettuate sul server
8. **Root:** è la radice del nostro sito. Esempio www.giorgiotave.it/ è la root del sito.
9. **Bold:** è un tag dell'HTML ed indica la caratteristica grassetto di un testo.
10. **Brand:** marca in Italiano, è un nome, simbolo, disegno, o una combinazione di tali elementi, con cui si identificano prodotti o servizi di uno o più venditori al fine di differenziarli da altri offerti dalla concorrenza.
11. **Dmoz:** acronimo di Open Directory Project, è una directory multilingue a contenuto aperto di link nel World Wide Web conosciuta anche come ODP.
12. **Odp:** acronimo di Open Directory Project, è una directory multilingue a contenuto aperto di link nel World Wide Web conosciuta anche come DMOZ.
13. **Screenshot:** da screen, schermo, e shot, scatto fotografico,

indica l'istantanea di ciò che visualizzato in un determinato istante sullo schermo di un monitor, di un televisore o di un qualunque dispositivo video.

14. **Meta tag:** i meta tag sono metadati presenti nel linguaggio HTML tra i tag <HEAD></HEAD> utilizzati per fornire informazioni sulle pagine agli utenti o ai motori di ricerca.
15. **Hosting:** un servizio che consiste nell'allocare su un server web le pagine di un sito web, rendendolo cosí accessibile dalla rete internet.
16. **Rewrite:** con il termine rewrite si intende la riscrittura di un URL.
17. **Spammer:** persona che costruisce pagine spam.
18. **Spam:** nell'ambito dei motori di ricerca sono pagine più o meno fittizie con contenuti non rilevanti per l'utente e finalizzate ad ottenere accessi.
19. **Anchor text:** sono le parole visibili e cliccabili di un link.
20. **Backlink:** è un hyperlink che punta ad una determinata pagina web.
21. **Ranking:** è un sistema di classificazione dei documenti data

una parola chiave.

22. **Social Bookmark:** è un servizio basato sul web, dove vengono resi disponibili elenchi di segnalibri (bookmark) creati dagli utenti.

23. **Datacenter:** nell'ambito dei motori di ricerca questo termine viene usato per identificare un particolare computer che risponde attraverso un indirizzo IP.

24. **Cache:** è un insieme di dati che viene memorizzato in una posizione temporanea, dalla quale possa essere recuperato velocemente su richiesta. Nel caso dei motori di ricerca è riferito alla memorizzazione delle pagine dei siti che visitano.

25. **Landing pages:** sono delle pagine che presentano un "prodotto" o un "servizio" e che devono "spingere" l'utente a compiere un'azione.

26. **PPC ads:** sono gli annunci Pay Per Click (cioè la remunerazione avviene per ogni click) che i webmaster usano nei loro siti per trarre profitto.

27. **Malware:** un qualsiasi software creato con il solo scopo di causare danni più o meno gravi al computer su cui viene eseguito.

28. **Javascript:** è un linguaggio di scripting orientato agli oggetti comunemente usato nei siti web. Fu originariamente sviluppato da Brendan Eich della Netscape Communications
29. **RDF:** L'RDF dump è una raccolta di file fornita da Open Directory Project.
30. **Hub:** Con il termine Hub site vengono descritti quei siti web che presentando un elevato numero di outbound links possono essere considerati come vetrine virtuali per diverse imprese provenienti da settori più o meno eterogenei.
31. **Doorway:** sono pagine ottimizzate per determinate parole chiave che eseguono un reindirizzamento automatico verso un'altra pagina.
32. **Cloaking:** è una tecnica che consiste nel mostrare agli spider una versione ottimizzata della pagina, differente da quella mostrata ai normali utenti.

www.ingramcontent.com/pod-product-compliance
Ingram Content Group UK Ltd.
Pitfield, Milton Keynes, MK11 3LW, UK
UKHW022026190726
13853UKWH00005B/2128

9 788861 741836